3分でつかむ！

超実践 中国ビジネス会話のコツ

陳氷雅
CHIN HYOGA

Discover

はじめに

私は10年以上、日本で中国語の講師をしています。

その中で常に感じてきたのは「真面目に勉強しているのに、中国語を話せない人が多すぎる」ということです。

なぜ、日本人は中国語を話せるようにならないのでしょうか。それは、コミュニケーションのための中国語ではなく、ひたすら発音や文法中心の「語学」の勉強しかしていないからです。

コミュニケーションは「語学」とは違います。

コミュニケーション能力が高い人なら、たとえ言葉を話せなくても、海外に行ったときにボディーランゲージや表情を駆使し、相手の話す「ことば」を真似ることで現地の人々に溶け込むことができます。多くの華僑はその代表でしょう。

しかし、逆にいくら「語学」を学んでも、コミュニケーション能力が低ければ、現地の人と交流ができません。その結果、留学や駐在で現地に長期間住んでも、狭い同胞のコミュニティーに留まることになるのです。

日本の外国語教育は「語学」に力を入れすぎており、異文化に属する人と上手にコミュニケーションをとる方法は教えてくれません。市販の語学書も大抵同じです。

せっかく外国語を勉強しても、コミュニケーション能力が鍛えられないので話すことができず、結局、出張や会議で苦労してしまう。この日本の学習状況を打破したいというのが、私がこの本を書いた理由です。

本当に中国人と「話せる」ようになるためには、まず「誰」と、「何」を話すのかを明確にしなければなりません。相手のことを理解し、自分なりに相手に合わせるコツをつかみ、そして自分の意思をちゃんと伝える。それがコミュニケーションの本質です。

本書では日本人の発音習慣でもちゃんと通じるような中国語を言えるコツを厳選してお伝えします。

また、会話とは瞬発的なものです。ことばを考えずに言えるように練習する必要があります。とくに、中国人は「せっかち」です。13億を超える膨大な人口を抱えるゆえ、中国人には「一期一会」の精神が極めて薄く、「人ならいくらでもいる」の考えが圧倒的に強いのです。だから、「この人と会話が続けられるか」は最初の1分間で判断されます。最初の1分間、ことばを考えずスラスラ言えるように練習することが必要です。逆に最初の1分間を乗り越えられない場合、「この人と中国語で話すのが面倒だ」と思われ、全く相手にされないか、日本語や英語の練習相手にされてしまう可能性が極めて高いのです。

よって、最初の1分間の会話では、言うべきことをいかに滞ることなく、スムーズに、通じるように言えるのかがカナメです。そのため、本書では1Stepにつき3つ（＋熟語1～2つ）の実践的な例文を学びます。 計120強の例文で、中国人とどのように会話を切り開けばよいかが分かるのです。1つのStepを3分読むだけでも、ビジネス中国会話のコツをつかむことが可能になっています。

1章は最初の1分間をクリアするコツ。

2章は相手を深掘りするコツ。

3章は相手とつながりを作るコツ。

4章はコミュニケーションの聖地、食卓会話を乗り越えるコツ。

この本をしっかり活用すれば、中国人と10分間以上会話を続けることがカンタンにできるでしょう。

CONTENTS

本書の使い方①

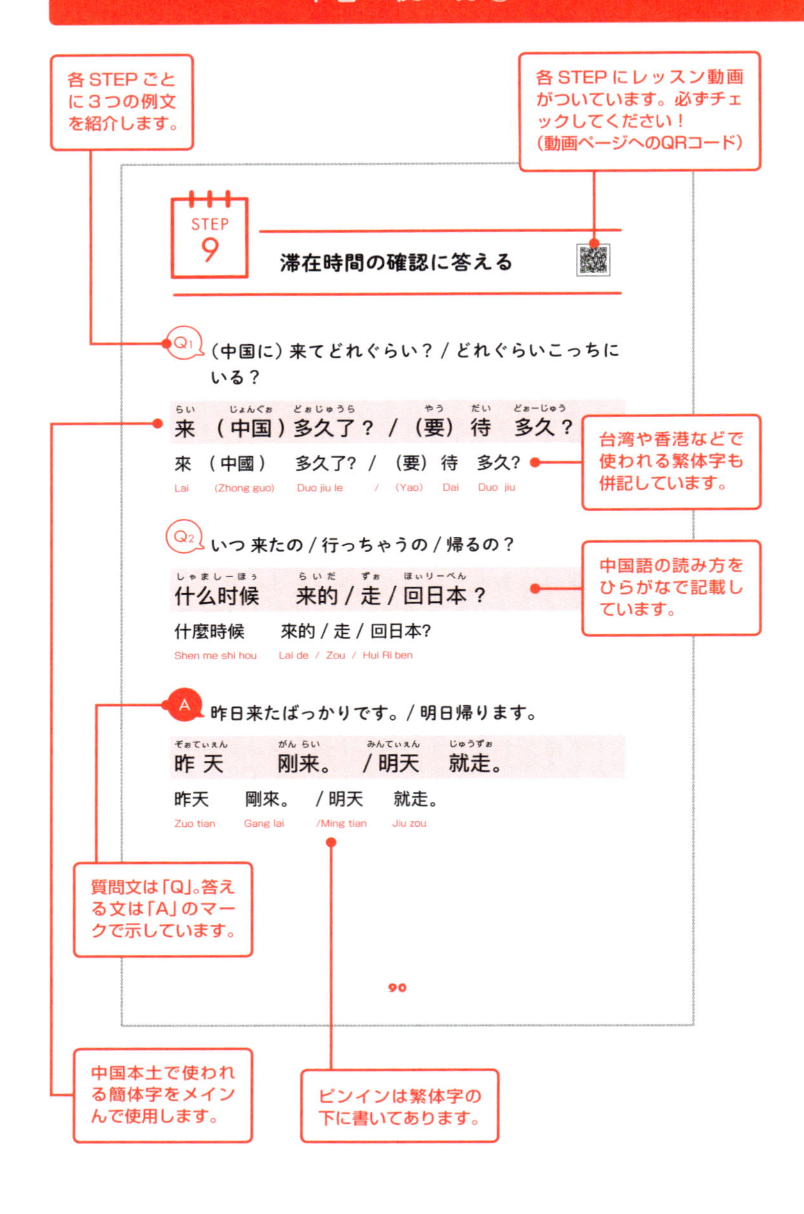

各STEPごとに3つの例文を紹介します。
各STEPにレッスン動画がついています。必ずチェックしてください！(動画ページへのQRコード)
STEP 9
滞在時間の確認に答える
Q1 (中国に) 来てどれぐらい？/どれぐらいこっちにいる？
らい じょんぐぉ どぉじゅうら やう だい どぉーじゅう
来 (中国) 多久了？/ (要) 待 多久？
來 (中國) 多久了? / (要) 待 多久?
Lai (Zhong guo) Duo jiu le / (Yao) Dai Duo jiu
台湾や香港などで使われる繁体字も併記しています。
Q2 いつ 来たの/行っちゃうの/帰るの？
しゃまし一ほぅ らいだ ずぉ ほぃりーべん
什么时候 来的/走/回日本？
什麼時候 來的/走/回日本?
Shen me shi hou Lai de / Zou / Hui Ri ben
中国語の読み方をひらがなで記載しています。
A 昨日来たばっかりです。/明日帰ります。
ぞぉてぃぇん がんらい みんてぃぇん じゅうずぉ
昨天 刚来。/明天 就走。
昨天 剛來。/明天 就走。
Zuo tian Gang lai /Ming tian Jiu zou
90
質問文は「Q」。答える文は「A」のマークで示しています。
中国本土で使われる簡体字をメインで使用します。
ピンインは繁体字の下に書いてあります。

例文で使用した単語の意味と解説・補足をしています。
(　)内は繁体字です。

単語

□待：滞在する

「呆」とも書きます。ちなみに、「待つ」は「等待」で一文字では「等」だけを使います。

□什么时候（什麼時候）：いつ

□来（來）・去・走・回：「来」と「去」はStep3を参考に

「走」も「行く」の意味ですが、「去」の場合目的が明確。「走」は「どこかに行っちゃう」「とにかくこの場を離れる」のニュアンスが近いです。「亡くなる」の意味にも使えます。「回」は「帰る」、後ろに必ず帰る場所を置きます。ないときは「回去」を使います。

□刚（剛）：～したばかり。動詞の前に置く

□就：後ろの動詞を強調する役割。動詞の前に置く

翻訳できない場合も多いが、よく「すぐ」と翻訳される。

解説

Q1の返答は、Step6で学んだ「時量」の知識を使ってください。ここでは、時間の表現についてもっと学びましょう。

単語が少し多めですが、中国語は時制が乏しいので、時間を表す言葉はとても重要です。頑張って覚えましょう。

□大 (da)；上 (shang)；下 (xia)；前 (qian)；后（後）(hou)

年 (nian)	大前年 三年前	前年 一昨年	去年 去年	今年 今年	明年 来年	后年 再来年	大后年 三年後
星期 (xing qi)	–	上上个星期 先々週	上个星期 先週	这个星期 今週	下个期 来週	下下个星期 再来週	–

例文の解説、関連用語の紹介をしています。

本書の使い方②

例文に関連した実際に使える中国語を＋αとして紹介しています

おまけの一言！ → 吃了吗？（ちーらま）

中国人の日常の挨拶は「ニィハゥ」ではなく「**吃了吗?** 」です。No なら「**还没**」、Yes なら「**吃了**」「**吃过了**」と答えてください。また、関西のおばさんのように何かしらのオヤツを携帯し、「**要吃吗?** 」と聞く人も多いです。答えは No なら「**不用，谢谢**」、Yes なら「**谢谢**」を使いましょう。

コミュニケーションのコツ：食文化

中国人は食いしん坊です。「生きるために食べる」より「食べることに生きる」と思う人の方が多い気がします。たとえば、中国人の座右の銘に「**民以食 为 天**（みんいしー うぇいてぃえん）！（民の一大事は食事だ！)」「**人是铁，饭是钢**（れんしーてぃぇふぁんしーがん）！（人は鉄と喩えるなら、ご飯は鋼だ！)」などがあります。

食文化は重要ですが、中国ほど「食」に対する信仰が深い国は稀でしょう。食事が生活の中心にあるため、自然と人間関係も食事と関わってきます。日本語にも「同じ釜の飯を食う」という言葉があるように、中国でも食事は人間関係をキープするという重要な役割を果たしています。「同じ釜」でなくてもいいですが、とにかく一緒に食事することが情を深める一番の方法。となると、中国人と何かしらの関係を築きたければ、一緒に食事をするのが一番てっとり早い方法でもあります。また、本格的な繋がりを作るスタートラインでもあります。

150

中国人とコミュニケーションをとる際に知っておくべき、日本とは異なる文化、習慣、価値観、ビジネスマナーなどについて紹介しています。

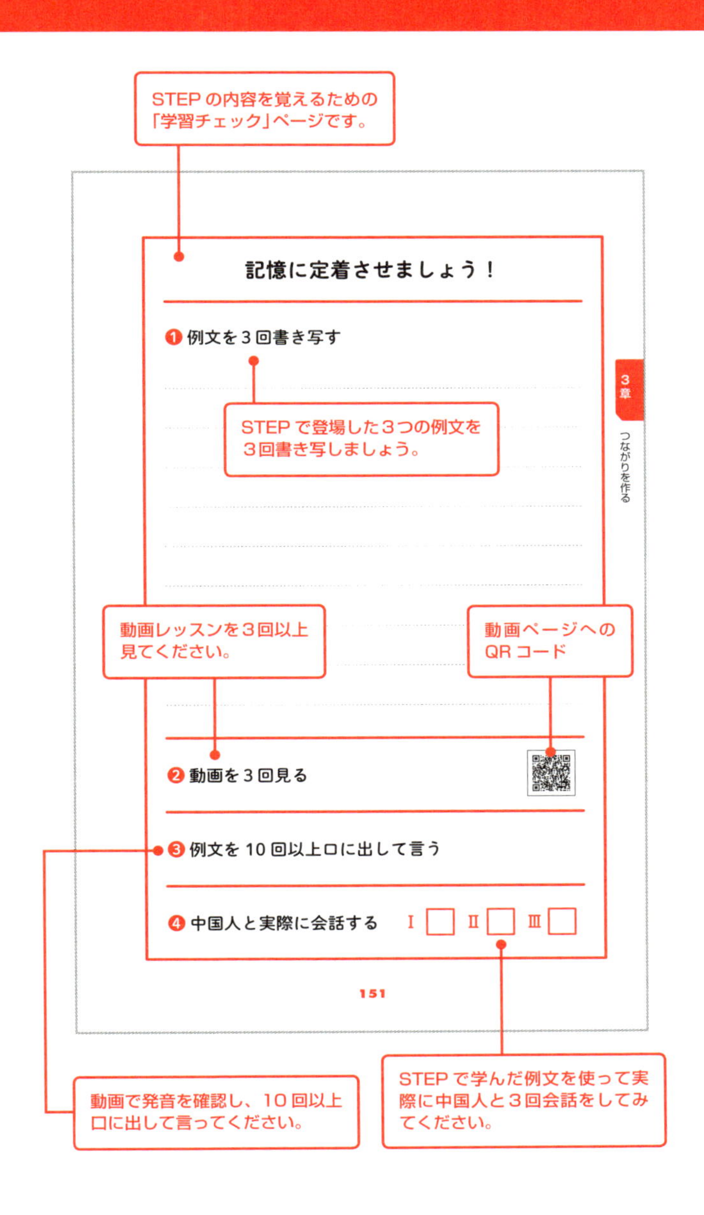

STEPの内容を覚えるための「学習チェック」ページです。
記憶に定着させましょう！
❶ 例文を３回書き写す
STEPで登場した３つの例文を３回書き写しましょう。
動画レッスンを３回以上見てください。
動画ページへのQRコード
❷ 動画を３回見る
❸ 例文を10回以上口に出して言う
❹ 中国人と実際に会話する Ⅰ Ⅱ Ⅲ
151
3章
つながりを作る
動画で発音を確認し、10回以上口に出して言ってください。
STEPで学んだ例文を使って実際に中国人と３回会話をしてみてください。

読み飛ばしOK！

HYOGA 式超速中国語 8 つのコツ

「発音を勉強しなくて本当に大丈夫か？！」「全くゼロからでも話せるようになるのか？」と不安に思われたかもしれません。そこでまず、「HYOGA 式超速中国語」として、8 つの質問に答える形で、日本人が簡単に中国語を話せるようになる理由と、そのためのコツを紹介します。

すでに中国語の基礎がある方や、とにかく実践のビジネス会話ができれば OK という方は、37 ページからの 1 章にお進みください。

Q1 発音表記の「ピンイン」と「四声(しせい)」は本当に学ばなくても平気なの!?

従来の中国語入門では、以下のような中国式アルファベット表記(ピンイン)と4つの声調(四声)から学びます。

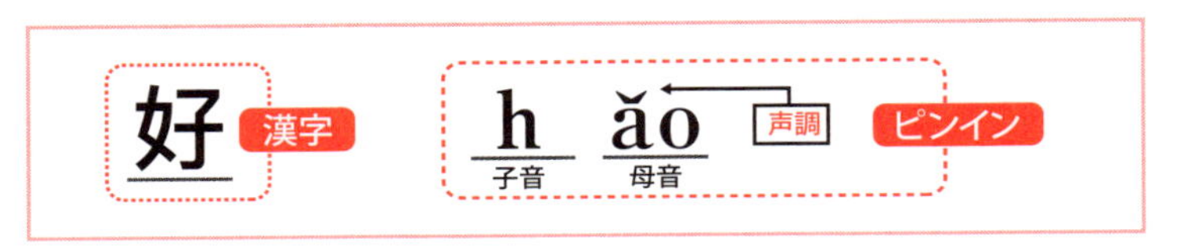

【「四声」について】
標準語には4つの「声調」があり、これを「四声(しせい)」といいます。音の高低を表す声調符号を母音の上につけて区別します。

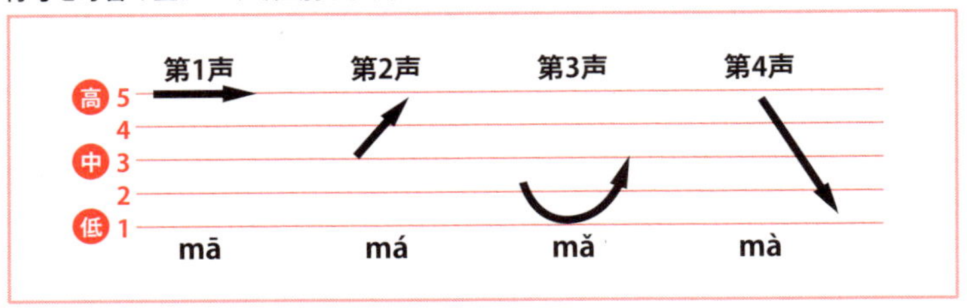

しかし、これが原因で9割以上の人が挫折してしまいます。「第二外国語は中国語だった」など、大学で少しでも中国語教育を受けた経験がある方からは、「中国語の発音は難しい!」「全然ダメだった!」「まーまっまーまっ? もう訳わからない!」という悲鳴をよく聞きます。

中国語は日本語と同じ構造で、「母音」「子音」の組み合わせでできています。しかし、日本の五十音と違い、子音の数は21で母音は39(単母音6)。それでできた発音のパターンは、およそ400もあります。さらにアクセントの四声も入れたら、軽く1000以上! ピンインと四声の学習だけで通常1ヵ月〜3ヵ月以上はかかります。そのため、大多数の学習者の印象に残った中国語は、延々繰り返される「まーまっまーまっ」という四声の発音練習でした。

しかし、実はこのような発音練習は全く必要ありません。 理由は3つあります。

1：ピンイン表記は日常で使われていない

英語などのアルファベット・日本語のかな・韓国語のハングルなどと違い、ピンインは中国では正式な文字表記ではありません。そもそも、子育て中の親以外、ピンイン付きの読み物を手に取る中国人はまずいません。ビジネスパーソンが、ピンインが付いたものを読むのは不適切なのです。ちなみに、中国語（国語）の先生ではない、一般の中国人のピンインはかなりデタラメです。

2：ピンインを意識するほど発音が変になる

私の教室の生徒さんたちに、ピンイン、カタカナ、ひらがなで別々に表記したものを読んでもらったとき、一番ナチュラルに発音できたのはひらがなでした。次はカタカナで、そして、なんとピンインが一番デタラメな発音となってしまいました。理由は、変に英語を意識し、舌が不自然に硬直してしまうからです。

3：生まれつきの感覚が違う

そもそも声調（四声）に対して、日本人と中国人の耳の感覚が違います。自分の中では一所懸命イントネーションを「上げ上げ」にしているつもりでも、中国人の耳にはどうしても「下げ下げ」にしか聞こえない、ということがよくあるのです。

さらに、たとえ頑張ってやっと1単語の声調が合ったとしても、大抵1文になると、また声調がボロボロになってしまいます。1単語のアクセントと文のイントネーションは全く別のものですから。

私は中国語学習の現場を10年以上経験し、先の3点に気づくことでこう考えました。「ピンインも四声もいらない。文のイントネーションだけ意識し、言い切りやすい文の短さにして、発音表記も日本のひらがなで記せばよい」と。

多くの日本人は自分の発音に対して、かなりコンプレックスがあるようですが、私の経験からすると、実は日本人の耳はすごくいいと思います。とくに、1文字だけの発音ではなく、1文にしたときの発音はとてもきれいです。1文字の発音ができなくても、同じ文字を文の中に入れればすぐ発音できるようになります。ただし、長すぎる文はNG。1文あたり、5文字前後が日本人にとって一番安定して発音できるという傾向も分かりました。ということで、今日から「脱ピンイン」で、「死声」の「四声」をやめてください（ダジャレです）。

余談になりますが、実は日本人は少し頑張れば、香港人や福建人など、多くの中国語話者よりキレイな発音ができます。なぜなら、中国の地方に住む人でも地域ごとのクセが強すぎて、「巻き舌」ができない、「鼻母音」が区別できないということがよくあるからです。「R」と「L」どころか、「N」と「L」ですら区別できない人もざらにいます。

だから、中国人にとって「訛り」は慣れっこです。話し方のリズムが合えば、多少聞き返されたとしても、コミュニケーションは成立します。

ちなみに、中国人に「は？　もう1回！」と言われても、めげないでください。聞き返されるのはあなたの中国語が通じている証です。通じない場合、中国人はスルーしますから。

何か新しいことを学習するとき、はじめに学んだことほど定着率が高くなります。つまり、中国語を学ぶ大事な最初の1ヶ月を丸々ピンインに注ぎ込んだら、肝心の会話文を覚えられず、何一つ話せないまま終わってしまうことがほとんどです。第二外国語として中国語を履修した学習者の9割はそうなってしまいます。

ピンインなんかより、まずは1つでも多くのフレーズを覚え、スラスラ言えるようになることに時間をかけましょう。中国語上級者としてアナウンサー並みの中国語力が求められない限り、発音記号を使って訛りを直す必要はありません。

100％通じるHYOGA式3つの発音のコツとは？

発音にピンインは必要ありません。しっかり相手に通じ、かつ褒められるような中国語を話すためには、以下の3つのコツを押さえれば十分です。

1：大きな声で3回話す

まずは大きな声、できれば、普段の3倍の声量にしてください。最初は難しいかもしれませんが、段階的に徐々に声量を上げ、同じ言葉を3回繰り返せばいいのです。

中国語ネイティブの私ですら、日本に長くいたせいか上海のチケット売り場のおばさんに、「声が小さい！」と2回注意され、「チケットをください」と声を大きくしながら3回言いました。前にも触れたように、中国人に「は？」と言われてもめげないでください。多くの場合、発音が悪いことより、声量が小さいから「もう1回！」と言われているのです。あるいは、本当は聞き取れたが、合っているかどうかもう1回確認したかっただけという場合も多々あります。

ですから、中国語を話すとき、「1回では聞き取ってもらえないので、絶対に3回言う！」と腹をくくるのがオススメです。実際に、中国人同士の会話でも、よく同じ言葉を3回繰り返して言います。

ちなみに、「重要なことは3回言う！（重要的话，说 3 次！）」は中国の流行語でもあります。

2：ボディーランゲージをしっかりつける

日本人（特に真面目なビジネスパーソン）が慣れない中国語で会話するときは、無表情で仕草もつけない傾向があります。

しかし、これは中国人との会話ではタブーです。中国は多民族多言語国家のため、ことばの訛りに対し寛容的な分、言葉以外のコミュニケーションが必ず求められるからです。

たとえば、私の「**我**」（中国語で「うぉ」と発音する）を「うぁ」と言ってしまっても、ちゃんと自分の胸に手を当てていれば、その動作で「私」であることは十分に伝わります。

多民族多言語国家の中国では、キレイな発音なんかよりも、非言語のコミュニケーション術（表情・声・ボディーランゲージなど）が最も重視されています。言葉よりも全身を使って、「あなたと会話したい」「私が言いたいのはこれだ」というメッセージを発信し続けることの方が好まれます。

とくに、これからはAIの発達により、ロボットの方が驚異的に外国語がうまく話せるようになります。だからこそ、人間らしいコミュニケーションは必要です。

言葉はあくまでも、コミュニケーションの一部。それだけに頼りすぎてはいけません。完璧でなくても頑張っているアイドルが好かれる理由と同じで、アナウンサー並みの発音ではなく、身振り手振りで伝えようとしている努力は魅力的です。だから緊張しても、表情とボディーランゲージは絶対に忘れないでください。

もし、どうしても慣れないなら、まずは「私」や「あなた」のような「人称代名詞」と「これ」「あれ」のような「指示代名詞」にボディーランゲージを入れることだけ意識してみてください。一番効果があるのは、「中国語は演劇だ！」と自分に暗示をかけること。舞台俳優のように、声を出し、そして動作を加えてください。

3：文の切り方を意識し、5文字以内で話す

文の切り方とは、単語のあいだの「間」です。一番簡単な切り方は、「SVO」のように、言葉の要素を意識すること。たとえば、「**私は日本人です**」の「**我是日本人**（うぉしーりーべんれん）」は「**我／是／日本人**」で話します。

このときのポイントは、それぞれみんな同じ「尺（しゃく）」で言うことです。つまり、3文字の「**日本人**」は「**我**」と「**是**」と同じ時間で言い切る必要があります。「中国語は全部漢字だから、1文字ずつ発音するのだ！」と思い込む人は多いのですが、本当は違います。実際の会話の中では「**日本人**」を一気に言い切ってしまいます。逆に1字ずつ言う方が不自然です。この尺の感覚の違いは、日本人が「中国人は喋るのが速い！」と感じる理由でもあります。

「どこで切るか」「どこをつなげて速く発音するか」、または「どこを強調して発音するのか」がことばのリズムとなります。通じる会話のポイントとして、リズムの良さも重要です。

しかし残念ながら、いままでの中国語のテキストのほとんどは、このリズムについて、全く触れていませんでした。

さらに、リズムの他、1文の文量も重要です。10年間、1000人以上の中国語学習者に教え、私が出した結論。それは、日本人にとって一番安定して発音できる中国語の尺は「5文字前後」ということです。日本語の5、7音に近いからかもしれませんが、1文字より、「3文字」「4文字」の方が圧倒的キレイに発音できます。

HYOGA式で中国語を学ぶ多くの受講生は全く四声を練習したことがないにもかかわらず、いろんな中国人に「あなたの中国語はキレイですね」と褒められています。

このコツをあなたもぜひ、騙されたつもりで実践してみてください。

「頭文字入力」で中国語を楽々入力できる？

ピンインの用途を発音に使うのは全く無駄になりますが、唯一活用できるのは「ピンイン入力法」です。中国語では「**拼音输入法**」となります。パソコンやスマホで中国語を入力したい場合、一番早くできる入力方法はこの「**拼音输入法**」です。

やっぱりピンインが必要ではないか！　と思うかもしれませんが、前述のように、国語の先生以外、一般の中国人はピンイン表記をほとんど覚えていません。ですから、中国語の「**拼音输入法**」はフルスペルで入力する必要がほとんどないほど、予測変換と候補機能が非常に発達しています。もちろん、四声は全く必要ありません。

「**拼音输入法**」を開けば、何も入力してなくても「**我**」「**在**」などの漢字候補が表示されています。「**我**」を選択したら、すぐ次の候補が出てきます。次を押せばまた次が出てきます。これだけで、ラクラクに中国語作文ができます。

そして、自分で「W」を入力しても、すぐ「**我**」が候補に出ます。「S」を入力すれば、「**是**」などが出ます。「ZGR」を入力すれば、「**中国人**」もすぐ出ます。フルスペルの「wo shi zhong guo ren」は全く必要なく、それぞれの頭文字を入力すれば十分です。

そのため、ピンインは中国語の頭文字と特別な表記だけに絞れば十分です。次の表をご参照ください。入力に困ったときの参考として使えると思います。普段は無視して大丈夫です。

日本と全く同じ頭文字: B P M D T N L G K H J S Z

日本と発音は同じだが、表記は違う頭文字

「つ」の発音　→　C

「ち」の発音　→　Q

「し」の発音　→　X

「い」の発音　→　Y ※「i」ではありません。

「う」の発音　→　W ※「u」ではありません。

「いぇん」の発音　→ Yan（～ian：例えば「てぃぇん」は「tian」で書く）

【要注意】

①「ず」「つ」「す」の発音　→ Zi　Ci　Si

※ Zu Cu Su なら「う」を強調し、唇を突きだし「ずぅ」（英語の「zoo」に近い）「つぅ」「すぅ」になる

②「あ」の発音には「～ a」と「～ e」両方の可能性がある。日本の「あ」より口を大きく開く場合は「a」、日本の「あ」に近い、少し喉に力を入れる曖昧な「あ」なら「e」を選ぶ。

日本にない発音

Fa →「ふぁ」（英語の「Fa」）

Ti →「てぃ」（英語の「T」）　　Tu →「とぅ」（英語の「To」）

Di →「でぃ」（英語の「D」）　　Du →「どぅ」（英語の「Do」）

（英語の発音をしっかりすること）

Zhi　Chi　Shi　Ri 舌を少し上に巻いて「ず」「つ」「す」「い」。

（発音のコツ：下出っ歯で舌を少し上に巻く。）

Yu　→口笛の形で「い」

～ ng →鼻で発音する

※詳しくはレッスン動画で発音を聞いてください。

中国語が速攻でできる文法３つのルールとは？

全くゼロから中国語を学ぶ方でも HYOGA 式の３つのルールだけを押さえれば文法は十分です。

以下、有名な告白文を例に解説します。

①動詞がある文は英語と同じく、「SVO」。

S	V	O	
我	爱	你。	（愛している）
我	喜欢	你。	（好きです）

②「SVO」以外は日本語と同じ。

我　喜欢　你，你呢?　（好きです。あなたは？）

我　也　喜欢　你。　（私もあなたが好きです）

你　喜欢　我　吗?　（あなたは私のことが好きですか）

我　非常　喜欢　你。　（とても 好きです）

⇨疑問詞や副詞の位置は基本同じです。

その他の例文も見てみましょう。

我　今年　　来　日本。　⇨　你　什么時候　来日本?
（私は　今年　日本に行きます。　⇨　あなたは　いつ　日本に行きますか？）

我　在日本　学　日語。　⇨　你　在哪里　学日語?
（私は　日本で　日本語を勉強します。　⇨　あなたは　どこで　日本語を勉強しますか？）

我　和我朋友　来　日本。　⇨　你　和誰　来　日本?
（私は　友達と　日本に行きます。　⇨　あなたは　誰と　日本に行きますか？）

⇨「時間」「場所」「相手」などの５Ｗも日本語と同じです。

中国語はとても「なまけもの」の言葉です。日本語の「てにをは」はなく、英語の「like to」の「to」など、前置詞もありません。何より、動詞や形容詞などの変化自体がありません。

まず、ルール①とルール②を合わせ、「SVO 以外、あとは日本語」と、１つのおまじないのように覚えてください。次のルール③を思い出せないときは、これだけでも十分です。

③形容詞がある文は、副詞を伴なう。

日常会話は動詞だけの文ではありません。「今日はいい天気ですね」「あなた、可愛いですね」「最近忙しくない」などのように、形容詞を使う評価文もたくさんあります。

今天 天气	**真**	**好。**	（今日は本当にいい天気ですね）
你	**非常**	**可爱。**	（あなた、とても可愛いですね）
最近	**不太**	**忙。**	（最近あまり忙しくない）

評価文では例文のように、「**真**」「**非常**」「**不太**」などような副詞（程度副詞とも呼ぶ）が使われます。

要注意なのは、「〜は〜です」として、ついつい「**是**」を入れてしまうこと。しかし、「**是**」は必要ありません。「**NO be 動詞（是）！**」で強く覚えましょう。

また、中国語の形容詞文には、なぜか「過去形」もありません。中国語の「**了**」はよく「過去形」と教えられるため、「昨日の天気はとてもよかった」を以下のように言う方も多いです。

昨日天气　真　　　好　了

しかし、「**昨日天气 真 好**」で十分です。「**了**」は蛇足になります。

ということで、中国語の形容詞文は「**NO be 動詞（是）！**」だけではなく「**NO 過去形！**」と覚えてください。肯定の時には「**非常**」などを入れ、否定の時は「**不**」などを。そして、質問の時は「**最近 忙 吗?** 」のように、疑問詞だけがあれば十分です。

慣れてくると中国語はとても「パズル」的な言語だと分かります。余計なものは一切なく、キーワードだけを並べるシンプルな言葉です。

そして、①～③の３つのルールを一枚の図でまとめてみると、以下のよう図になります。この図を使いこなせば、中国語検定４級以上の文法はクリアできます。切り取って、よく見る場所に貼って、いつも眺める習慣をつけてください。

<table>
<tr><td>S</td><td rowspan="2">時間
時制
（未来・
現在進行）
能願
場所
相手
副詞</td><td>V</td><td rowspan="2">時制（過去）
補語
数量</td><td>O</td><td>疑問助詞
時制助詞
語気助詞</td></tr>
<tr><td>S</td><td>Adj</td><td colspan="2"></td></tr>
</table>

なぜ文法は３つのルールだけで十分なのか？

日常会話をよくよく観察すれば、実はほとんど3パターンに集約されます。

①誰かの行動について語る
②何かについて評価する
③質問をする

私はこれに気づき、文法を対応させて簡略化しました。

①誰かの行動について語る→動詞を使う→動詞文
②何かについて評価する→形容詞を使う→形容詞文
③質問をする→疑問詞を使う→疑問文
（5Ｗで答えるなど、文の膨らみが発生）

基本はこの３つのルールをしっかり把握すれば、十分通じる文になるのです。

もちろん、細かい表現がネイティブっぽくないときはよくあります。しかし、それは語学専門家ですら、なかなか到達できない領域です。たとえば日本に10年以上暮らしている私の日本語でも非ネイティブのクセは残ります。しかし、それで日本語が通じない場面はありません。くれぐれも「完璧主義」「語学オタク」に陥らないように気をつけましょう。

Q6 読めない漢字を克服する方法は？

中国語は、日本語のように漢字・かな・外来語が混ざった言語ではなく、単語は全て漢字で成り立っています。日本では、中学校（15歳）までに2136文字の常用漢字を習うのと同じように、中国では小学校3年生（10歳）までに、常用の2500字を習得しなければなりません。この常用漢字の文字数にそれほど差がないため、中国語を学ぶ上で「漢字こそが日本人の一番のアドバンテージ」とよく言われます。

しかし、中国と日本の漢字の7割は同じ書き方ですが、残りの3割（800字前後）は違う書き方になっています。さらに、この800字の中には、「**你**」「**吗**」「**呢**」など、今の日本では使わない漢字も100字前後あります。

しかも、これらの日本では見ない漢字は全て口語で最も使用する漢字ばかりです。今の日本人が現代中国語を読んで、「分からない」と悲鳴をあげるのは、文法が分からないだけではなく、これら日本では全く馴染みのない漢字に遭遇するからです。

それでも、先ほど紹介した中国語文法3つのルールがあれば、日本でも使われる7割の同じ漢字でなんとか読めることが多いのです。もし、中国語検定などの試験を受ける場合はちゃんと書けるようになっておく必要がありますが、日常で使うだけなら、日本の書き方（新字でも旧字体でも）で全然構いません。

なぜなら、基本的に中華圏の人は、昔の字（台湾・香港・日本で主に使用される。「繁体字」と呼ぶ）と今の字（大陸・シンガポールで主に使用。「簡体字」と呼ぶ)、どちらでもちゃんと読めます。日本人だけ「今の大陸の字」の約3割（800字前後の簡体字）が読めないという状況です。

800字もあれば、ひとつひとつ覚えるのは大変です。しかし、実は簡単なコツがあります。たとえば、繁体字の「**語 話 説**」が簡体字では「**语 话 说**」となるように、部首の略し方さえ押さえればすぐに読めてしまいます。嬉しいことに、大半の簡体字はこの略し方で今の形になっていますので、頑張って覚える必要はありません。

そのため、中国語を学ぶあなたが最優先にやらなければいけないのは、日本にない漢字から覚えることです。たとえば、告白の「**我爱你！**」と「**我喜欢你！**」の場合。まずは日本語では使われない「**你**」を覚えなければいけません。その後、「愛」と「歓」が今の中国語で「**爱**」と「**欢**」になっていることを覚えましょう。簡体字について詳しく勉強したい方は、拙著『ゼロからカンタン中国語　7つのルールで覚える！簡体字ワーク』（旺文社2016年刊）を参考にしてみてください。

本編で挙げている例文は「簡体字」を基本にしています。ただし、中国語を習う方の中には、台湾で使いたい方も多くいるでしょうから、「繁体字」もあわせて記載しています。

120の例文だけで、なぜ話せるようになるのか？

本書に掲載されているビジネス会話の例文は約120しかありません。でも、話すにはもうこれだけで十分です。

実は会話が弾むポイントは、文や単語の量ではありません。英語のことを考えてみましょう。みなさんが学習した英単語と英文は、5歳の英語ネイティブよりずっと多いです。しかし、5歳のネイティブより流暢に話せる人はほんの一握りしかいません。たくさん覚えるより、少ない文をいかにスムーズにナチュラルに言えて、いろんな場面に活用できることが会話の肝です。できれば反射のような「即答」を目指しましょう。

そのため、本書では、各Stepの最後に「記憶に定着させましょう！」というページが付いています。「話せる」ようになるためには、繰り返し、視覚・聴覚によるダブル刺激が必要です。だから①例文を書き写す、②レッスンの動画を見る、③自分の口で早口言葉のように何回も練習することが必要です。

また、記憶のルールに従って、1日に3回以上脳を刺激し、次は3日後、その次は1週間後にもう1回刺激するように、書き写したものをお手洗いや通学通勤などの隙間時間でちょっと「思い出す」練習をするのがオススメです。

そして、何よりも重要なのは、できれば中国語会話を「実践」することです。中国語は漢字でできていて、文法もきわめてカンタンなので、日本の学習者の多くは「眺めるだけで、なんとなくできる」という錯覚に陥りがちです。

しかし、いくらら練習で上手になったとしても、実際に外国語を話す場面では、なぜか聞き取れなくなる、言えなくなるという「本番パニック」がつきものです。しかし、それも1回、2回経験すれば落ち着き、慣れてきます。さらに、うまくできず恥ずかしい、悔しいなどの感情も伴うお陰で、なかなか忘れなくなります。だから本書では、3回目までの実践を記録するチェック欄を設けました。

たとえば、1回目は、「緊張しすぎて頭が真っ白。どうしても思い出せなくて、相手にフォローしてもらった」。2回目は、「今度こそ言えたが、発音が崩れてしまい、相手に何度も確認されてしまった」。3回目は、「やっとそれなりに話せたが、なぜか顔が真っ赤！　けど、気持ちはよかった！」と、どんどん場数をこなすことではじめて外国語を話せるようになってきます（著者の実体験）。

「本番パニック」は、超プロの学習者（大学で外国語を専攻しているような人）でも起こり得ることです。一般の学習者なら、なおさらのこと。だから、例文を絞ることでスラスラ言えるように練習回数をこなし、話す相手の人数をどんどん増やしていく必要があります。

本書の120文で「本番パニック」の壁をぶちこわしましょう！

なぜ「答え」ではなく「質問」を先に覚えるのか？

本書の例文はできるだけ、質問文を優先にしています。Q5の会話パターンで紹介したように、質問が会話のキャッチボールを生むキーになっているからです。

多くの人は語学学習をスタートするとき、挨拶言葉や自己紹介から入ります。しかし、これで話せなくなる危険があります。なぜなら、実は「おはようございます」などの挨拶言葉は、自己完結系の言葉ばかりだからです。つまり、会話を切り上げるとき、または会話がしたくないときに使うものなのです。初対面の人には挨拶言葉を少し使うかもしれませんが、知り合いになれば、使うと逆に水臭いと思われてしまいます。

たとえば、実は誰でも知っている「ニィハォ！」はまさに初対面限定の言葉です。日本語では、「こんにちは」に翻訳するより「初めまして！」「(声がけの) あのう、すみません……」の方が適切でしょう。「ありがとう」や「すみません」などの言葉も、極めて水臭いと思われます。

中国人にとっては「おはよう」と言うより、「こんなに早いの!?」「朝何を食べた？」「(顔色から) 元気ないね／元気いいね。どうしたの？」などなどのように、自ら質問を投げかけて会話のキャッチボールをはじめるのが、挨拶の常識です。

多くの人が一所懸命練習する自己紹介での会話シーンも、同じ状況を周りの人が用意周到に設けないかぎり実際には成り立ちません。いつでもどこでも誰とでも続けられるような会話ではないのです。一発芸のように、ぱっと終わってしまいます。だから、自己紹介ばかり練習する方の多くはただの自己満足で、自己完結に陥ってしまいます。

「続く」「有効的」な会話の基本は「質問」からです。もっと言えば、「質問」ができた上ではじめて会話が成り立ちます。だから、自己紹介で自分の名前を言う前に、まず相手の名前を聞けるようにしてください。自分は日本人だと言いたければ、相手の出身（国）の聞き方を先に覚える必要があります。自分の家庭や好きなことを紹介するときも、「あなたは？」という一言を常に念頭に置きましょう。

また、自分から質問を投げるもう１つのメリットは、自分で会話の方向を決められることです。とくに初心者は、語彙が少ないため、相手のボールがどこから来るのか全く見当がつかない会話の状況では、困惑することが多いでしょう。

一方、自分から質問すれば、大抵の場合、話す内容はもう予想がつきます。たとえ分からない単語が出ても、テーマが絞られているため、ボディーランゲージなどで補うこともできます。

となると、初心者であればあるほど、積極的に質問を準備して、先手を打ってください。

会話で待ちの姿勢になれるのは、徐々に語学力がアップし、相手のどんな質問にでも答えられるようになってからです。

さぁ、はじめよう！

これで、全く中国語の学習経験がない方でも、一通り中国語の「発音」「文法」「漢字」という3要素の基礎はクリアです！

「えっ、これだけ!?」と、少なく感じるかもしれません。でも、これが私の中国語講師としての10年間を凝縮した知恵の結晶です。これだけをちゃんと消化して吸収すれば、1年間大学の講義を受けたり、駅前の中国語講座に通うより数段上の中国語会話スキルを習得できます。

基礎がゼロの方は、この「HYOGA式超速中国語8つのコツ」を何度も読み返すことがオススメです。

さあ、それではいよいよ次のページから、誰でもすぐに話せて、中国人との距離が縮められる、「超実践中国ビジネス会話」のレッスンをはじめましょう！

最初の1分間を乗り越えよう！

名前を言う

Q1 お名前は？

にぃ　じゃお　しぇんま　みんず
你　叫　什么　（名字）?

你　叫　什麼　（名字）?
Ni　jiao　shen me　ming zu

Q2 お名前は？（丁寧版）

にぃん　ざんま　ちぇんふ
您，怎么　称呼？

您，怎麼　稱呼？
Nin　zen me　cheng hu

A 私は～と言います。～と呼んでください。

うぉ　じゃお~,　ちぃん　じゃお　うぉ
我　叫~,　请　叫　我～

我　叫~,　請　叫　我～
Wo　jiao　qing　jiao　wo

単語

□你 / 您（にぃ / にん）：あなた（您は丁寧版）

□叫（じゃお）：呼ぶ、叫ぶ

□什么（什麼）（しぇんま）＋ N：何の～

□名字（みんず）：名前、苗字は「姓（しん /xing）」

□怎么（怎麼）（ざんま）＋ V：どうやって～

□称呼（稱呼）（ちぇんふ）：「呼ぶ」の丁寧版

□我（うぉ）：私、僕、俺など

□请（請）（ちぃん）＋ V：～ください

【人称代名詞】

中国語の単語は必ず人称代名詞から。中国語は日本語と違い主語を省略しません。この点は英語に近いです。英語で「I」がなければ、文が作れないように、中国語も人称代名詞がなければ、文が始まらないのです。

□们（們）（めん）：～たち

□的（だ）：～の

	複数形	所有
我（うぉ /wo）→わたし	我们（うぉめん /wo men）	我的（うぉだ /wo de）
你（にぃ /ni）→あなた、丁寧版「您」	你们（にぃめん /ni men）	你的（にぃだ /ni de）
他 / 她（たー /ta）→彼 / 彼女	他们（たーめん /ta men）	他的（たーだ /ta de）
大家（だーじゃー /da jia）→みなさん		

解説

同年代の人に対してはQ1を、ビジネスシーンではなるべくQ2の「丁寧版」を使ってください。よりよく発音するには、Q1の「**名字**」を省略し、4文字だけで話すのもOK です。

接客や受付などの場面で、例文以外「**您贵姓?**(にんぐぃしん)」のように苗字だけ聞くケースもあります。そのときは、「**我姓～**(うぉしん)」「**免贵姓～**(みぇんぐぃしん)」などで答えましょう。基本「**我叫**」の後ろはフルネームで、「**我姓**」の後ろは苗字になっています。もしくは「**我姓～，我叫～。**」を合わせて言うのもありです。

おまけの一言！ → 你好!(にぃはぅ)

自分の名前を言うときは、たいてい初対面のシーンです。

初対面の人には、「**你好!**(にぃはぉ)」(一人に)、「**大 家 好!**(だーじゃーはぉ)」(大勢に) などの挨拶が必要です。

初対面で即レスポンスできるように、練習しましょう。

コミュニケーションのコツ：通じる名前の言い方！

会話の第1ステップは、まずしっかり自分の名前を伝えること。

しかし、10年間いろんな日本人に中国語を教えてきましたが、この一言をしっかり伝えられない人が非常に多いのです。

理由は3つあります。

1：文の切り方が悪い

緊張しているため、変に早口になる傾向があります。

「**我 / 叫 / ～**」のようにSVOのあいだに、しっかり「間」を入れることを意識してください。

少なくとも、「**我叫 / ～**」で一度区切ってから、名前を言ってください。

2：ボディーランゲージがない

初心者が相手に言葉を伝えるとき、ボディーランゲージが必須です。たとえば「**我**」を言うときは、自分の胸に手を当ててください。

3：自分のフルネームをあえて日本語の発音で読む

たとえば、「佐藤博」さんは、無理に「**我 叫 佐藤博**(ぞぉとんぼ)」と中国語の発音で自分の名前を言うより、「**我 叫 SATO HIROSHI**」の方が断然いいです。

なぜなら、中国では同じ発音をする漢字が非常に多いからです。常用漢字は2500字もあるのに、発音の種類は400しかありません。つまり平均的に一つの発音に対し漢字が6文字。全く同じアクセントのものでも3文字くらいあります。「Yi」や「Shi」などの発音には、なんと10字以上も漢字があるのです。

そのため、ネイティブの中国人ですら、自己紹介するときは、自分の名前はどの漢字なのかを説明します。

日本人の名前は基本3～4文字で、一見簡単に発音できると思われがちですが、文字と文字の間に中国語としての関連性がないため、そもそも発音がしにくいのです。

また、たとえキレイに発音できたとしても、単独の発音で漢字を推定することが難しいため、中国人から「？」という顔をされることが多いでしょう。

実はそれだけで、「ややこしい」と相手にされなくなります。しかも、たまに中国人に正しい発音で自分の名前を呼ばれても、自分のことだと分かっていない日本人もいます。

賢い言い方は「**你好!**」や「**大家好!**」などの後、「**我叫 SATO HIROSHI。请叫我 SATOSAN**」のように、呼ばれたい呼び名を日本語の発音でしっかり言うこと。

とはいえ、「田中」、「鈴木」、「佐藤」、「高橋」など中国でも認知度の高い苗字は比較的通じます。「SATOSAN」は中国で「ぞぉとんさん」と呼ばれることも多いでしょう。それでも、初心者が名乗るときはまず「SATO」で十分です。

記憶に定着させましょう！

❶ 例文を3回書き写す

❷ 動画を3回見る

❸ 例文を10回以上口に出して言う

❹ 中国人と実際に会話する Ⅰ  Ⅱ  Ⅲ 

自分の出身を言う

Q1 ご出身は？

にぃ　しー　なーりーれん
你（是）哪里人？

你（是）哪裡人？
Ni shi na ii ren

Q2 あなたは中国人ですか ？

にぃ　しー　じょんぐぉれん　ま
你　是　中国人　吗？

你　是　中國人　嗎？
Ni shi Zhong guo ren ma

A 私は日本人です。

うぉ　しー　りーべんれん
我　是　日本人。

我　是　日本人。
Wo shi Ri ben ren

単語

□是（しー）：英語で言う be 動詞。日本語の「～は～です」。ただし中国語では、「～」に入れるものは両方名詞。否定形は「不是（ぶぅ しー）(bu shi)」。

□哪里人（なーりーれん）（哪裡人）：どこの人ですか？

国籍も聞けるが、国を強調したい場合は「哪国人（なーぐぉれん）(na guo ren)」を使いましょう。

→哪里（なーりー）：どこ

→～人（れん）：～人、～の人。国籍と出身地、両方可。

例：中国人（じょんぐぉれん）、日本人（りーべんれん）、台湾人（たいわんれん）、香港人（しゃんがんれん）

東京人（どんじんれん）、大阪人（だーばんれん）、北京人（べいじんれん）、上海人（しゃんはいれん）

美国人（めぇいぐぉれん）（アメリカ）、加拿大人（じゃーなーだーれん）（カナダ）

新加坡人（しんじゃーぽーれん）（シンガポール）、马来西亚人（まーらいしーやーれん）（マレーシア）等

※中国語が話せる人は必ずしも「中国人」ではないため、主要な国や地方名を自分でリストアップして覚えましょう。

□吗（ま）（嗎）：「～か？」文中に他の疑問詞がないときのみに使用。

解説

安定して発音するために、Q1 は「**你哪里人**」、Q2 は「**中国人吗?** 」だけにしてもいいです。「～人」は「国」と「地方」両方使えるため、以下のような例文も可能です。ご自分の出身に合わせて作ってください。

「**我**(うぉ) **是**(しー) **東京人**(どんじんれん)」「**我**(うぉ) **是**(しー) **上海人**(しゃんはいれん)」
「**我**(うぉ) **是**(しー) **日本東京人**(りーべんどんじんれん)」「**我**(うぉ) **是**(しー) **中国上海人**(じょんぐぉしゃんはいれん)」

また中国人に間違われた場合は「**不**(ぶぅ)**! 我**(うぉ) **不是**(ぶぅし) **中国人**(じょんぐぉれん)」と、しっかり言いましょう。省略形の「**不! 我不是**」でもあり。

おまけの一言！ → 対 対 対(どぅいどぅいどぅい) ！

NO の場合は「不！我不是」でいいのですが、YES の場合は、「是」ではなく、「**対**(どぅい) **(対・對)** (dui)」を使いましょう。しかも、「**対**」1 文字より、**対! 対! 対! （そう! そう! そう! ）**のように 3 回繰り返すのがオススメです。

中国人は 3 回繰り返すのが大好きですし、肯定と嬉しさをアピールするのにも、3 回の繰り返しは効果的です。

コミュニケーションのコツ：好かれる出身地の聞き方

世界中の中国語話者を概算すると、なんと16億人を超えるそうです（２０１７年時点）。

中国本土の14億人を除いても、２億人以上の老華僑と新華僑（もしくは、出稼ぎ）がいます。老華僑は、シンガポール・マレーシアなどの東南アジア国家に多く、新華僑に人気なのは、アメリカ・カナダ・オーストラリア・ヨーロッパなどの先進国です。その他、世界中に中華料理やスーパーなど小商売を営む出稼ぎ系の中国人もいます。

基本、世界中のどこでも、中国人がいると思っていいでしょう。世界の辺鄙な場所では、英語が通じない可能性はありますが、中国人コミュニティを探れば、必ずどこかで見つけられます。そして、本書で学ぶ中国語は全ての中華系の標準語です。だから、世界中で通用します。

しかし、中国語を話している人に向けて、「**中国人吗？**」と質問したとしても、必ずしもYESと答えが返ってくるわけではありません。日本に来る裕福な中華系は、本土出身の割合が今や多くなりましたが、そうでない地域の出身者もかなりいます。

敏感な台湾人や香港人は「**中国人吗？**」と聞くだけで嫌な顔をします。スマートだなと思う人に出会ったら、あえて、「**你是香港人吗?**」というのもコミュニケーションのコツです。なぜなら、香港人はファッショナブルなイメージが強いから。この質問で「オシャレだね」「スマートだね」と褒めることができます。だから、たとえ本当は本土の人であっても、台湾の人でも、「香港人ですか？」と聞かれるのは、少しいい気持ちになる傾向があります。

国籍を特定したら、次に「**中国哪里?**」「**台湾哪里?**」でさらに探るのがオススメです。

聞きなれない地名があれば、次のStep3で紹介するように、「書いてもらってもいいですか？」「中国のどこにあるのですか？」「どんな場所ですか？」「遠いですか？／近いですか？」「キレイですか？」などの質問で、会話を展開する練習が必要です。

会話を滞らせない力がコミュニケーション力と言っていいでしょう。そのための方法はシンプルで、たくさん質問するだけでOK。

でも、最も大切なのは「相手をもっと知ろう」「もっと情報収集しよう」という気持ちです。

記憶に定着させましょう！

❶ 例文を３回書き写す

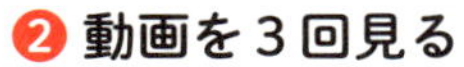

❸ 例文を 10 回以上口に出して言う

❹ 中国人と実際に会話する

共感する

Q1 ～はどこ？

ざい　なーりー
～　在　哪里？

～　在　哪裡？

～　zai　na li　？

A1 こちらです。ここです　！

ざい　じぇ　りー
在　这里。

在　這裡。

Zai　zhe li

A2 私は（場所に）行ったこと があります／ないです。

うぉ　ちゅ　ぐぉ　めぇい　ちゅ　ぐぉ　じぇ　りー
我　去　过　/　没　去　过　（这里）。

我　去　過　/　沒　去　過　（這裡）。

Wo　qu　guo　/　mei　qu　guo　zhe li

単語＆解説

□在（ざい）：「在＋場所」は「～で」、「在＋V」は「～している、～中」の現在進行形

□这里（じぇりー）（這裡）：ここ

口語では「～里（裡）」が「～儿（兒）」(舌を巻いて「あ」を発音する）になるか、または省略されることもあります。

【指示代名詞】

Step1で人称代名詞の「**我你他**」を紹介しました。ここでは「こそあど」の指示代名詞を覚えましょう。中国語の「こそあど」は日本語と違い、3つだけ。「こ」は「**这**（じぇ）(zhe)」、「そあ」は「**那**（なあ）(na)」、「ど」は「**哪**（な～）(na)」です。以下の表を参考にしてください。

これ、この	これら	ここ	こう このように	こんなに
这个（這個）	这些（這些）	这里（這裡）	这样（這樣）	这么（這麼）
那个（那個）	那些（那些）	那里（那裡）	那样（那樣）	那么（那麼）
哪个（哪個）	哪些（哪些）	哪里（哪裡）		
（が /ge）	（しぇ /xie）	（りー /li）	(やん /yang)	（ま /me）

□没（めえい）（沒）＋V：～していない。過去形の否定。

□去（ちゅ）：「去＋場所」～に行く、「去＋V」は「～しにいく」、対義語は「来（lai / らい）」

□V＋过（ぐぉ）（過）：～したことがある（過去形の時制）

中国語の時制表現はとてもシンプルで、基本、何の変化も必要ありません。「今日」「明日」などの時間表現（詳細はStep9にて）だけで十分です。強調する場合は「**没**」や「**过**」などの時制を表す副詞や動詞を使います。否定の副詞は2つだけ。「**没**」は過去の否定、「**不**」は未来の否定です。たとえば、「私、行きません！（未来)」は「**我不去!** 」、「私、行ってないです。(過去)」は「**我没去。**」となります。この2つだけですから、ぜひ覚えましょう。

おまけの一言！➔ 等一下(だんいっしゃ)！

地名は固有名詞となるので、お互い分からないケースがほとんど。だから、発音を覚えたり、ややこしい説明は要りません。素早く地名を何かに書いて相手に見せるか、地図アプリで検索して見せるのが、一番賢い方法です。

そこで必要になるのは、次の時間稼ぎの一言！

等(だん) 一(いっ) 下(しゃ)!（ちょっと待って！）

中国人は会話中の沈黙を嫌う傾向があります。黙り込むことは極力ひかえましょう。他に「**这个**(じぇ が)…（これは…えーと…)」「**那个**(なぁ が)…（あれは…あの…)」というクッション言葉を口癖にして時間稼ぎをしていきましょう。

コミュニケーションのコツ：地域差・階級差を知ること

中国人を一様に「中国人」と一括りにしてはいけません。共産社会を標榜しながら、実質は日本よりも階級社会です。基本的に日本に来られる人、または日本人と商売している人は、地域と関係なく、「中の上」以上の人です。

より中国人のランクに詳しくなりたい方は、中国の6都市・省を覚えましょう。北から南に数えると、北京市・江蘇省（南京・蘇州・無錫などが代表）・上海市・浙江省（杭州・寧波・義烏・温州などが代表）・福建省（厦門が代表）・広東省（広州・深センなどが代表）です。この6箇所が中国全土の33行政区（直轄市・省など。日本でいう都道府県）の中で、確実に経済成長を遂げ、財政状況もよいと言われるエリアです。もっと分かりやすく言えば、富裕層と中産階級が集中する地域。市民の教養レベルも高くなっています。

中国は広大です。日本と同じように一つの国として考えるとズレが生じます。たとえば、私が日本に来た2010年頃、日本の経済誌が報道していた中国の貧困層は、多くの中国人がほとんど聞いたこと、見たこともない地域の人たちです。逆に2018年、今度は富裕層中国人の報道一辺倒になっています。どちらも事実ですが、中国の極端な部分だけが取り上げられる傾向があります。

ですから、中国は一つの国ではなく、EUのような連合国家だと思った方がよいでしょう。地域差も日本の県民性レベルではなく、言語・文化・宗教・経済などで激しい差があるので、違う国だと思った方がイメージしやすいです。

たとえば、先にあげた6地域は先進国並み（一部は遥かに日本を超えたところもあります）に成長している一方で、深刻な貧困を抱えている地域も少なくないと言われます。

経済力の差でも中国人を日本人と同じ「上・中・下」だけのレベルで見ることはできません。

たとえば、共産党の上層幹部や国営企業役員はいわゆる特権階級で、ピラミッドの頂点にいます。ここは別格です。

その次の中産階級と言っても、2020年までに7億人！と言われる桁違いの国家プロジェクトが動く下では、細かく「中の上・中の中・中の下」に分ける必要があります。

中の上にあたる階級には、共産党中層幹部、政府にパイプがある民間企業の社長、同じように政府にパイプがある医療・建築などの士業などが考えられます。

中の中なら、外資系のエリートや大手民間企業の役職社員、中小ビジネスや不動産個人売買で成功した自営業者などがあげられます。中の下なら、日本の中産階級並に、年収300万円〜500万円前後の会社員や自営業者などが代表的です。

しかし、大半の中国人は年収100万円を切っている中産以下の階級です。またさらにその下に、多くの貧困層もいます。ちなみにここ数年、日本は観光立国のために、中国人向けのビザを緩和し、中産以下でも、夫婦共働きで一家の年収が300万円を超える層をターゲットに入れています。

違う階層であれば、学歴から、教養・見聞・世界観など全てが違ってきます。出身地を聞くだけでも階層を知るためのいろんなヒントになりますので、ぜひ積極的に聞いてください。

記憶に定着させましょう！

❶ 例文を3回書き写す

❷ 動画を3回見る

❸ 例文を10回以上口に出して言う

❹ 中国人と実際に会話する　Ⅰ □　Ⅱ □　Ⅲ □

「好きだ！」をアピールする

A1 (中国など)、行きたいです！

うぉ　しゃん　ちゅ　じょんぐぉ　たいわん
我　想　去　中国 / 台湾。

我　想　去　中國 / 台灣。
Wo　xiang　qu　Zhong guo / Tai wan

A2 (中国など)、大好きです！

うぉ　しーほぁん　じょん ぐぉ　たいわん
我　喜欢　中国 / 台湾。

我　喜歡　中國 / 台灣。
Wo　xi huan　Zhong guo / Tai wan

A3 中国語を勉強中です。

うぉ　ざい　しゅえ　はん ゆぃ　じょん うぇん
我　在　学　汉语 / 中文。

我　在　學　漢語 / 中文。
Wo　zai　xue　Han yu / Zhong wen

単語

□**想**（しゃん）：思う

「**想**＋V」で「〜をしたい」。「**想**」より強い、または「〜しなければいけない」場合は「**要**（やう）(yao)」を使います。

□**喜欢**（しーほぁん）**（喜歡・喜歓）**：好き

「**喜欢**＋V」で「〜するのが好き」。

□**学**（しゅえ）**（學）**：学ぶ

2文字の「**学习（学習・學習）**」も可。「在」はStep3を参考にしてください。

□**汉语**（はんゆぃ）**（漢語）**：中国語

話し言葉の中国語を強調する。一般的な言い方。「**中文**（じょんうぇん）」は学ぶ語学としての中国語を強調します。また標準中国語のことは大陸では「**普通话**（ぷーとんほぁ）**（普通話）**」、台湾では「**国语**（ぐぉゆぃ）**（国語）**」

華僑圏では「**华语**（ほぁゆぃ）**（華語）**」とそれぞれ呼んでいます。

解説

今回の Step4 は例文すべてが「答え」です。しかし、語尾に「**吗(嗎)**」をつけるだけで質問文になります。発音するときは、それぞれ「**我想去**」「**我喜欢**」「**我在学**」のところで切って、前後を一気に発音しましょう。

A1 は Step2 と 3 の出身地の話題に続けて、そこに「行きたい」気持ちをアピールする文です。もし「旅行・出張・留学・駐在」などで、すでに行く予定がある場合は「**想**」ではなく、「have to」に近い「**要**」を使います。たとえば、次のようになります。

今年中国に行くことになりました。→**今年，我要去中国。**

具体的に「なぜそこに行くのか」という理由は一番最後でいいです。自分の目的に合わせてチョイスしてください。

今年，我要去中国＋「旅行（りゅしん）・出差（ちゅちゃい）・留学（りゅうしゅぇ）・工作（ごんぞぉ）」。

おまけの一言！ → 真的吗?（じぇん だ ま）

あなたが「中国大好き！」というと、多くの中国人はこう返してくるはずです。

真（じぇん） 的（だ） 吗（ま）? （本当！？）

日本に来る中国人も日本好きなので、「日本大好き！」と言われたら、あなたもこの一言を使ってください。さらに、

谢谢（しぇしぇ），我也喜 欢 中 国（うぉいぇしーほぁんじょんぐぉ）。（ありがとう、私も中国が好きです）

と言えたら、最強です。

コミュニケーションのコツ：相手の心をつかむ

コミュニケーションは「相手を知る」だけではなく、「自分のことを伝える」のも重要です。とはいえ、最初から自分のことばかり言うのはやめましょう。

10年間、現場でたくさんの中国語学習者を見てきた私が見つけた「話せていない」人の共通点は、ズバリ、「言いっぱなし」。練習した自己紹介が全く相手に通じていないにもかかわらず、とにかくハイスピードで勢いよく話します。そして、それで終わり！　これでは実に残念です。

だからこそ、本書の例文は質問を中心としています。そこから会話が展開するからです。質問ではないこのStep4の例文も、「自分」より「相手」に対する「愛」と「エモーション」を語る文を選びました。「好きだ」「行きたい」、だから「語学を勉強しているのだ！」というストーリーを伝えられます。

日本に留学しに来た外国人を想像してみてください。日本語は堪能ですが、日本と日本文化に全く無関心な留学生と、日本語はたどたどしいのですが、日本が大好きで、目がキラキラして頑張っている留学生。あなたはどちらと付き合いたいですか。

もちろん、後者を選びますよね。

より「したい」と「好きだ」という気持ち伝えるために、エモーションを強める「**非常**（ふぇいちぁん）」などの強調する単語をつけるのも悪くないでしょう。

また、「行きたい場所」と「好きなもの」に対して、もう一工夫するのもオススメです。　たとえば、

①パンダが大好きで、四川のパンダセンターに行きたい。

うぉ　ふぇいちゃん　しーほぁん　しゅんまお
「我　非常　喜欢　熊猫！」

うぉ　しゃんちゅ　すーちゅあん だ　しゅんまお じーでぃ
「我　想去　四川的　熊猫 基地。」

②マーボー豆腐が大好きで、本場の四川に食べに行きたい。

うぉ　ふぇいちゃん　しーほぁん　まーぽぉどぉふー
「我　非常　喜欢　麻婆豆腐！」

うぉ　しゃんちゅ　すーちゅあん　ちー　じょんぞぉん だ
「我　想去　四川　吃　正宗的。」

せっかく中国語の学習にエネルギーを使うのであれば、一つだけでもいいから、ぜひ中国が好きになれるポイントを見つけてください。

それがあなたの会話のネタになります。

記憶に定着させましょう！

❶ 例文を３回書き写す

❷ 動画を３回見る

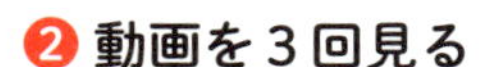

❸ 例文を 10 回以上口に出して言う

❹ 中国人と実際に会話する

Ⅰ 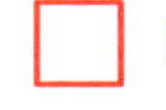 Ⅱ  Ⅲ 

褒める・否定する

Q1 中国語、話せますか？

にぃ ほぃ しゅお はんゆぃ ま
你 会 说 汉语 吗?

你 會 說 漢語 嗎?
Ni hui shuo Han yu ma

A1 ほんの少しです。

じーほぃ いー でぃえん でぃえん
(只会) 一 点 点

(只會) 一 點 點。
Zhi hui yi dian dian

A2 あなたの中国語、(話すのが) 本当に上手！

にぃ だ はんゆぃ しゅお だ じぇん はぉ
你的汉语 (说得) 真 好!

你的漢語 (說得) 真 好！
Ni de Han yu shuo de zhen hao

単語 & 解説

☐**会**(ほい)**(會)**:できる(学習して)、否定は「不会」

☐**说**(しょー)**(說)**:話す

Q1 はよく聞かれる質問です。多くの場合は、「**你会说　汉语!?**」のようにびっくり系で聞かれます。自分から聞く場合は「**汉语**」を「**英语**(いんゆぃ)(ying yu)」と「**日语**(りーゆぃ)(ri yu)」に置き換えましょう。

☐**只**(じー):だけ

☐**一点点**(いー でぃえん でぃえん)**(一點點)**:少し、少ない、あまり

A1 は 5 文字全部言うのもいいですし、「**一点点**」だけを 2 回繰り返すのもいいです。

☐**说得**(しゅお だ)**(說得)**:話すのが〜

後ろの「**得**」は「**話**」を修飾する単語。「V + **得**+〜」は「〜」で「V」を修飾する構造になります。「**得**」自身意味はありません。

☐**真**(じぇん):(程度副詞)本当に、実に!

☐**好**(はぉ):(形容詞)良い、(程度副詞)とても

A2 の「**说得**」はなくても大丈夫です。省略する場合「**汉语**」を「**发音**(ふぁーいん)(發音 / 発音)(fa yin)」に置き換えてもいいです。

【程度副詞】

中国語文法の中で、形容詞など感情を表す単語には、その感情の強弱を表す程度副詞が必要です(形容詞に「是」は使えません)。次頁の常用程度副詞をご覧ください。

簡体字	繁体字	発音	意味
不～	不～	ぶぅ／bu	～ない
不太～	不太～	ぶぅたい／ Bu tai	あまり～ない
有点(儿)～	有點(兒)～	いぉう でぃえん(あ)／ you dian (er)	少し～(不満に使うことが多い)
挺～的。	挺～的。	てぃん～だ／ting ～ de	わりと～
很～ 好～	很～ 好～	へん・はぉ／hen・hao	とても～。「很」は客観的で、「好」の方が口語的で感情的
非常～	非常～	ふぇい ちゃん /fei chang	とても～、非常に～
真～	真～	じぇん／zhen	本当に～
太～了。	太～了。	たい～ら／tai ～ le	とても～、～すぎる(マイナスプラス両方使う)
～极了。 ～死了。	～極了。 ～死了。	～じぃら・～すーら / ～ji le/ ～ si le	～これ以上ない。「极了」はプラスの言葉に、「死了」はマイナスの言葉に使う

おまけの一言！→ 没有没有（めぇいいぉうめぇいいぉう）！

「有」の否定は中国語で「没有（めぇいいぉう）」になります。日本語では、「ない！」です。２回言うと「ない！ない！」で日本語の「とんでもない」の意味になり、褒められたとき謙遜になります。ちなみに、指示代名詞の「哪里哪里（なぁりーなぁりー）」も同じ意味として使えます。

コミュニケーションのコツ：大げさな正直者

Step1 ～ 4 の会話を、しっかり発音のコツも押えて話せば、中国人はあなたの中国語にびっくりすることが多いでしょう。一言話すだけでも「中国語できるの！？」「中国語、お上手ですね！」など、すぐに褒められます。

もともと、中国語は日本の必修科目ではありませんし、中国人でも 7 割の人がキレイに話せていません。だから、ナチュラルに中国語を話せる外国人に対しては、好感度が非常に高くなります。褒められたときは、「**没有**」もしくは「**一点点**」を繰り返すか、「**我的汉语 不好 / 不太好**」のような謙遜する返事をすることで、相手からの評価がさらに高くなるでしょう。

しかし、中国にはお調子者も多くいます。まれに、褒められるどころか、「あなたの中国語下手ですね」「発音が下手すぎる」のように、完全に否定されることもあります。

你的汉语（にぃ だ はんゆぃ） 不好（ぶ はぉ）!
你的发音（にぃ だ ふぁいん） 太差了（たいちゃ ら）!

それでも、気にする必要はありません。基本、何も悪意はなく、ただ思ったことをそのまま言い放っただけです。

または「自分の中国語が本場！」「自分の方が知ってる」など、相手に大きく見られたいからです。くだらないことですが、そういう人はどの国にもいます。

実は卓球の福原愛ちゃんも、昔インタビューの中で、中国人の正直すぎるコメントでショックを受けたと話しています。しかし、ほとんどは嫌味や悪意で言っているわけではありません。逆に、そういう正直な言葉を口にする人は「素直な人」と思われ、人気者であることがよくあります。

たとえば、食事会で不味い料理が出されました。中国では、いかにも不味そうな顔をして、素直に「不好吃（ぶぅはぉちー）」と口にするのはよくある話です。

ちゃんと表情とムードを管理すれば、失礼になることなく、正直さをアピールできるので逆に相手からポイントをとるチャンスになります。一方、美味しくないのに、無理に「美味しい！」とばっかり言う人の方が、「偽善」と思われがち。それでは、損をしてしまいます。

中国人がビジネスパートナーを選ぶときに見るポイントは、なにより「実利」と「誠実さ」に限ります。この「誠実」は「約束や時間を守る」という真面目さよりも、「口は悪いが馬鹿正直な人」というイメージが近いです。

なぜなら、中国人の交際は、1、2回の食事ですぐ「付き合う価値があるか」を決める速攻戦だから。日本のように、お互いの関係性を長い年月をかけて築いていく余裕はありません。確実に「実利」が保証されている場合、中国人も我慢してお付き合いしますが、そうでない場合「心を開けない人」は遠ざけられます。自分が「心を開ける人」であると演出するためには先の「程度副詞」が役立ちます。プラスな言葉ばかりではなく、たまにマイナスの言葉も、あえて言ってみましょう。

記憶に定着させましょう！

❶ 例文を3回書き写す

❷ 動画を3回見る

❸ 例文を10回以上口に出して言う

❹ 中国人と実際に会話する Ⅰ  Ⅱ  Ⅲ 

話を盛る

Q1 中国語を勉強してどれぐらい？

にぃ　しゅえ　はんゆぃ　どぉじゅうら
你　学　汉语，多久了?

你　學　漢語，多久了?
Ni　xue　Han yu　duo jiu le

Q2 中国語はどこで勉強しましたか？

にぃ だ はんゆぃ　ざいな～　り　しゅえだ
你的 汉语，在哪 (里)　学的?

你的漢語，在哪 (裡)　學的?
Ni de Han yu　zai na ～ (li)　xue de

A 1ヵ月。独学です。

いー が いゅぇ　うぉずーしゅえだ
一个月。我自学的。

一個月。我自學的。
Yi ge yue　Wo zi xue de

単語

□多久（どぉじゅう）：どれぐらい？

□了（ら）：～になりました

□的（だ）：～したのです

□自学（ずーしゅえ）（自學）：独学

□一个月（いー が いゅぇ）（一個月）：１ヵ月

【時間と時量の言い方】

日本語	～時	～時間	～曜日	～週間	～月	～ヵ月
簡体字	～点	～个小时	星期～	～个星期	～月	～个月
繁体字	～點	～個小時	星期～	～個星期	～月	～個月
発音	でぃぇん /dian	がしゃおしー / gexiaoshi	しんちー / xingqi	がしんちー / gexingqi	いゅぇ / yue	がいゅぇ / geyue

【数字の覚え方】

1（い） 2（あ） 3（さん） 4（す） 5（うぅ） 6（りゅう） 7（ちー） 8（ぱー） 9（じゅう） 10（しー）
11（しーい） 21（あしーい） 100（いーばい） 110（いばいい） 1000（いちぇん）

指で数を示す方法から卒業するには、常に「思い出し」練習が必要です。買い物するときなど、値札を見たら、心の中ですぐ中国語で数えてみましょう。最初は指で数えなければいけないかもしれませんが、だんだんすぐ言えるようになります。

解説

3文目のAは、2つの文に分けてもかまいません。前半はQ1の答えで、後半はQ2の答えとなります。

Q2は「どこ」ではなく以下のように「どうやって勉強しました？」と聞かれることもあります。答えは、同じでOKです。

你的(にぃ だ) 汉语(はんゆぃ)，怎么(ざん ま) 学(しゅえ) 的(だ)? →我自学的。

また、Aの前半の「**一个月**」は「**一个月了。**（1ヵ月になりました）」「**我学了一个月了。**（勉強して1ヵ月になりました）」のように長い文にして答えても大丈夫です。

おまけの一言！ → 你(にぃ) 真(じぇん) 厉害(りーはい)!

1ヵ月、しかも独学で通じる中国語会話ができるなんて！「それは素晴らしい！すごい！」と、中国語で褒めると、以下の文になります。

你(にぃ) 真(じぇん) 厉害(りーはい)! （あなたはすごい！）

日本人が「すごい！」と言うのが大好きなように、中国人も日常会話で「**厉害!**」「**好厉害!**」「**真厉害!**」「**太厉害了!**」などを連発します。言いやすいフレーズを選んで、口癖にしましょう。

コミュニケーションのコツ：一目置いてもらう

中国は徹底的な競争社会です。ですから、中国人にとって何かと何かの比較は日常茶飯事になっています。子供のときから、「お父さんとお母さんのどっちが好き？」のような質問を浴びせられ、大人になってからは恋人に「仕事と私、どっちが大切？」などと責められます。ほとんどの中国人には「隣の～さん」というトラウマがあります。「隣の～ちゃんがまた100点を取ったよ！」から「隣の～さん、結婚をしたよ！」「昇進したよ！」「ボーナスをもらったよ！」「車・家を買ったよ！」「2人目を産んだよ！」のようにどんどん比較はエスカレートしていきます。

聞きたくなければ、自分が頑張ってその「隣の～さん」に勝つしかないのです。そのため、競争が熾烈になり、独特のメンツ文化（見栄っ張り）が発展したのでしょう。コミュニティ外部の人はどうでもいいのですが、内部では、「なんと言われるか」「どう見られるか」を非常に気にしています。とにかく認められたくてたまらないのです。こんな社会ゆえ、「ありのまま」という価値観とは無縁です。

中国には、誰よりもずば抜けている長所がないと生きていけないような、窒息感があります。中国の若い人が日本のサブカルチャーに憧れる理由はこの窒息感からだと私は思っています。

幸い、皆さんは日本人です。しかし経済発展のため、今中国とビジネスをしている日本人は（他の外国人も）驚異的に増えています。あなたもこれから外国人という枠の中で、中国人から比較をされます。そのためにも中国語力は必須なのです。

訛りはあってもかまいません。肝心なのはつっかえずに話すこと。実は、とくにビジネスをする人は、発音がキレイすぎると逆に警戒されます。日本人であるアイデンティティを捨て、中国に完全に馴染みたいなら、一所懸命発音を磨いてもいいのですが、ビジネスのために中国語を学ぶあなたは、そこまで極める必要はありません。むしろ適度な訛りが大事なのです。

ただし、ビジネスパーソンとして他の日本人や外国人と比較されるので、賢い人であるという演出が必要です。そのために、中国語の学習期間を実際より短く伝えましょう。つまり、本当は3ヵ月前から学習をはじめていても、あえて「**一个月**」と言い、半年なら「**三个月**」、1年ぐらいなら「**半年**（ばんにぇん）」、3年以内なら「**一年**（いーにぇん）」（もしくは「**一年多**（いーにぇんどぉ）」）と答えるのです。すると、「そんな短期間で、こんなに話せるなんて！　頭がいい！」と一目を置かれ、ビジネスチャンスが作りやすくなります。社会人が学習に割り当てられる時間は学生の3分の1以下です。だから実際より短く言っても許容範囲だと思ってください。

また、勉強方法は、できるだけ「**自学**」と答えましょう（もちろん、嘘をつく必要はありませんが）。

「**在东京学的**（ざいどんじんしゅえだ）（東京で）」
「**跟陈老师学的**（げんちぇんらおしーしゅえだ）（チン先生から）」
「**用这本书学的**（いぉんじぇべんしゅしゅえだ）（この本で）」

などなど、＋αで流暢に答えられるといいですね。本やテレビで勉強し、会話教室の先生と練習するぐらいは、「**自学**」と思っていいでしょう。そもそも語学学習は、完全に個人の努力次第ですから。

記憶に定着させましょう！

❶ 例文を3回書き写す

❷ 動画を3回見る

❸ 例文を10回以上口に出して言う

❹ 中国人と実際に会話する

Ⅰ  Ⅱ  Ⅲ 

聞き取れないことを伝える

A1 すみません、何と言ったのですか？ 聞き取れません。

ぶぅはぉ いぃす　にぃ しゅおー しぇんま　うぉ　てぃん ぶぅ どん
不好意思, 你说什么? 我 听 不懂。

不好意思, 你說什麼? 我 聽 不懂。

Bu hao yi si　ni shuo shen me　Wo　ting bu dong

A2 もう一度／もう少しゆっくり、話してください。

ちぇん　ざい しゅお　いぃ びぇん　しゅお まん いぃ でぃぇん
请 再 说 一 遍 / 说 慢 一 点。

請 再 說 一遍 / 說 慢 一 點。

Qing　zai shuo　yi bian　shuo man yi dian

Q 書いてもらえますか？

かーい　しぇいぃしゃ　ま
可以 写一下 吗?

可以 寫一下 嗎?

Ke yi　xie yi xia　ma

単語

□不好意思：すみません

多くの教科書では「对不起！(dui bu qi)」になっていますが、「对不起」はお詫びです。犯したミスの責任を取る言葉なので、よほどのことがない限り使う必要はありません。

□听不懂：聴いて理解できない

同類に「看不懂 (kan bu dong)：見て理解できない」があります。日本語の「チンプンカンプン」の語源だと思われています。逆に、理解できる場合は「听得懂」「看得懂」です。「得」はStep5をご参照ください。

□再：(動詞の前に付き) もう一度〜する

□一遍：一回

□一点：もっと、もう少し。(動詞、形容詞のあとにつく)

□可以：できる。許可、許し、お願いに使う

□写：書く

□一下：ちょっと。(動詞の後ろにつく)

解説

A1 はやや長いですが、バラバラにした3文として覚えることができます。全部4文字で、歯切れのいいフレーズなので覚えやすいです。

A2 の「**请**」は親しい間なら省略して OK。また後半の「ゆっくり話す」は3文字の「**慢慢说**」に変更しても通じます。ただ、A2 はなんとか聴き取れそうな会話に限って使ってください。明らかに自分のレベルでは聴き取れない文に対しては、素早く Q の質問文を使ってください。文字で文を理解した上で、A2 で細かい発音を確認し真似しましょう。

Q の「**可以**」と「**写一下**」は、順番を入れ替えても大丈夫です。

おまけの一言！ → 麻烦你了！(まふぁんにぃら)

相手に色々「書いてもらう」「発音をしてもらう」とき、「お手数をかける」「お世話になる」「ご迷惑をかける」という意味の、

「**麻烦你了！**(まぁふぁん にぃら)」をぜひ言えるようになりましょう。気持ちを強調したい場合、「**太**」を付けて「**太麻烦你了！**」を使ってください。逆にこう言われたときの返事のしかたは色々ありますが、Step5 の「**没有没有**」が一番楽。ぜひ使ってみましょう。

コミュニケーションのコツ：迷惑をかける

日本に来て、「人に迷惑をかけないで！」とよく聞きます。

中国語で言うと「不要(ぶぅやお)麻烦(まぁふぁん)別人(びぃえれん)!」です。しかし、これは中国では通用しません。なぜなら、中国の人間関係は貸し借りで成り立つことが多いからです。それを理解するには、まず中国人が人間関係を作るときのパターンを知る必要があります。中国の人間関係には明白な「外」と「内」があります。物でたとえると、卵に近いです。未知の「卵外」、自分の生活に関わる社会一般の「卵白」、そして肉親と親友の「卵黄」という三分構成です。

「卵外」は未知の部分。中国人にとって存在していないのと同じです。だから、いわゆる「責任感」や「思いやり」は適用されません。そのような美徳は内輪だけで完結し、外にまで気を配ることは非常に少ないのです。極端な場合、外部から見れば、「マナーが悪い！」「モラルが欠如している！」ように見えてしまいます。

一方、卵の中では中国人は精一杯、気を遣うのです。だから、中国人と付き合いたければ、まずはこの卵の中に入ることが大切です。その方法は具体的に本書の３、４章で詳しく紹介していますが、簡単に言うと、コツは貸し借りを作ることです。親は子供に一生を捧げたから、子供もそのお返しに一生を親に捧げる、というある種の愛情関係に近いです。しかも、それは必ずしも血の繋がりが必要というわけではありません。

血の繋がりがなくても、それなりの恩義があれば、「殻の中」に入れます。いきなり大きな貸し借りは難しくても、ちょっとしたことでかまいません。

まずは食事やプレゼントなどの金銭的な貸し借り、または人脈紹介などの貸し借りからはじめましょう。貸し借りをする際は、「時間・お金・労力」をどこまで相手に費やすか、またはどこまで使ってもらうかを念頭に置いてください。

さらに、できるだけ最初からアピールしてください。中国の女性は交際相手を決める段階で、金銭が目的ではなくても、相手がどこまで自分に時間とお金を使うのか徹底的に試す傾向があります。これはビジネスパートナーも同じです。「まだ試している段階なのに、日本人が時間をケチる！（私をVIPと思っていない)」というのは中国人がよく怒るポイント。日本人はあまり時間をとりすぎると「こんなに何回も、長い時間お邪魔して大丈夫か」と心配しがちですが、中国人の感覚と食い違うことになってしまいます。

だから、最初は遠慮なくいっぱい「**麻烦**（迷惑)」をかけてください。そこから、卵に入れるチャンスが訪れます。本当の貸し借りが難しいなら、今日のStep7のように「聞きなおす」「書いてもらう」ことからでも悪くありません。

一言も中国語を勉強しようとしない、ただただ人に頼りっぱなしは良くないのですが、それでも完璧主義で全く人に迷惑をかけたくないという人よりは、まだマシなのです。

記憶に定着させましょう！

❶ 例文を３回書き写す

❷ 動画を３回見る

❸ 例文を 10 回以上口に出して言う

❹ 中国人と実際に会話する Ⅰ  Ⅱ  Ⅲ 

1章のまとめ
最初の1分間を乗り越えよう！

中国人と同じ空間（相席などの近距離）をしばらく共有するチャンスがあれば、ぜひ1分間以上の会話にチャレンジしましょう。同じ空間を共有し、かつ会話を交わした上で、初めて中国人から相手にされます。逆にそうしない場合、無視され、スルーされ、そもそも、あなたが「存在」しないことになります。

会話は、「HYOGA式超速中国語8つのコツ」でも触れたように、「自分から質問する」ことで先手を打つ必要があります。なぜなら、相手から質問される場合は、「①相手が言おうとする言葉が分からない」、「②いきなり外国語に立ち向かうことで、まだ心と体の準備ができていない（緊張していると、ふだん聞き取れる言葉も聞き取れなくなる）」、「③まだ学んでいない文型や単語が出る」、ので、何も言えなくなる可能性が極めて高いからです。

もし臨機応変にすぐStep7のA1が言えれば良いのですが、初心者のうちは、最初はできるだけ、自分が用意した「シナリオ」で相手との会話をはじめましょう。

また、何より重要なのは、言葉のキャチボールを1往復ずつ増やすこと。少しずつ会話を続けることで自分の中国語力に自信がつくのです。1章のトピックをしっかり応用できれば、最初の1分間はカンタンに乗り越えられます。1分間だけでも「話せる人」として印象付ければ、道はどんどん開けます。ぜひ、最初の1分間の中国語会話にチャレンジしてください。

□相手の名前を聞ける、そして自分の名前を言える。

□相手の出身地を聞ける、そして自分の出身地や住所を言える。

□スマホなどを使って、相手の出身地を確認できる。

□相手の出身地・国・言葉などに、興味があることをアピールできる。

□相手の語学力を褒める、自分の中国語を謙遜できる。

□中国語を学習した時間・場所などについて説明できる。

□書いてもらう、リピートしてもらうなどお願いができる。

2章

距離を縮める

職業関係について話す

私の名刺です。

じゃし　うぉだみんぴぇん
这是 我的名片。

这是 我的名片。
Zhe shi wo de ming pian

Q1 名刺をお持ちですか？

にぃ　いぉう　みんぴぇん　ま
你　有　名片　吗?

你　有　名片　嗎?
Ni　you　ming pian　ma

Q2 どちらでお仕事をされていますか？

にん　ざいなー　がごんすー　しゃんばん　ごんぞぉ　がおじゅう
您　在哪(个公司)　上班 / 工作 / 高就?

您　在哪(個公司)　上班 / 工作 / 高就?
Nin　zai na　(ge gong si)　shang ban/ gong zuo/ gao jiu

単語＆解説

□「这」と「哪」はStep3（51頁）を復習してください。

□**有**（いおぅ）：所有する、持つ、ある。否定は「没有（Step5）」

※「在」との区別：「在」は後ろに場所が来ます。「有」はその前に場所を表す単語を置きます。

□**名片**（みんぴぇん）：名刺

□**公司**（ごんすー）：会社

古い言い回し（特に公務員）に「単位（だんうぇい）(danwei)」も使います。

□**上班**（しゃんばん）／**工作**（ごんぞぉ）／**高就**（がおじゅう）：仕事（をする）

名刺交換は日本のビジネスでは常識ですが、中国では基本になっていません。とくに、公務員。外資や新興企業の社長や社員は大丈夫でしょうが、名刺がない・名刺が切れている・名刺がどこにあるかが分からない人に出会っても、びっくりしないでください。日本のビジネスパーソンらしく、優雅に名刺を出しＡの「这是 我的名片。」を言ってください。

名刺は表が日本語で裏が英語で十分。日本で中国語の名刺を作っても、逆に安っぽくなります。もちろん、支社があるときは別です。漢字を中国語で発音したとき、名刺にある漢字を指さしながら言うのがオススメです。

相手の名刺が欲しいときはQ1を使ってください。「名刺交換してください」などの中国語は全く必要ありません。ただし、相手が名刺を持っていないことも多いので、3章のStep15に出てくる「SNSの連絡先交換」を優先してください。

紹介などの場合では、Q2はあまり必要ありません。これはパーティーなどで知らない人に会ったときの質問です。

基本文に出た単語を覚えれば十分です。アレンジのしかたも色々あります。例文は非常に丁寧な文です。普段は「**你在哪上班？**」の他、「**你哪个公司的？**」「**你的工作是…**」でもOK。もっとフランクな言い方には「**你做什么的？**」（「**做**(zuo)」日本語の「する」、英語の「do」に近い意味）もあります。TPOに合わせて、一つずつ流暢に言えるよう練習しましょう。

答えるときは、「**我在～上班／工作**」。「**高就**」は敬語なので、自分のことを言うときに使わないでください。

おまけの一言！ → 认识你，很高兴！

认识你，很高兴！　英語でいう「Nice to meet you」です。「**很高兴，认识你！**」のように前後を入れ替えても大丈夫です。フォーマルに紹介されたときや、楽しくお話できた後、別れの際に使ってもいいです。「很高兴」は「very happy」という意味。その他のいろんな場面でも使えます。

もっとフォーマルな場面では「**幸会**(xing hui)」を使います。普段は「**幸会幸会**」のように、2回繰り返します。

コミュニケーションのコツ：中国人の呼び方

教科書通りのシチュエーションは実際の会話ではなかなかありません。たとえば、多くの語学テキストは自己紹介からはじまっています。自己紹介はたしかに必要なのですが、実際の場面で、「はじめに」や１章のテクニックがクリアできなければ、そもそも中国語が通じず、自己紹介すら通訳の方に丸投げしてしまうことになります。しかし、最初の１分間の会話がクリアできれば、ビジネス会話にもチャレンジする意味があります。

たとえば、紹介のシーン。中国人はフルネームの紹介が好きではありません。一般的には素早くこう言います。

我 介绍 一下。这 位 是 ～公司的 ～总。
（ちょっとご紹介します。こちらは～会社の～社長です）

長い文ですが話す必要はありません。重要なのは、こちらも素早く後ろの「**～总**」か「**～董**」に「**你好！**」と合わせ、素早く握手すること。「**总**」は「**总经理**(zong jing li)」（日本の CEO や社長に近い）の略で、「**董**」は「**董事长**(dong shi zhang)」（日本の代表取締役か会長に近い）の略です。また、自分の会社の人を紹介するときはこうなります。

「我 介绍 一下。这位是 我们公司的 ～社长」

中国では、日本のような「～さん」「～さま」の呼び方がないため、「苗字＋肩書き」での呼び方が主流です。社長レベルは「**～总**」か「**～董**」で、他には副社長の「**副总**(fu zong)」や部長レベルの「**主管**(zhu guan)」にもよく出会うはずです。

また、中国の職業は官民一体の場合が多いので、官僚の呼び方も気をつける必要があります。でも、共産党員の階級を全て解説するには本がもう一冊必要なほど！　なので、楽な方法を教えます。一様に「领导(ling dao)」と呼ぶことです。しっかり中国でビジネスを展開したければ、できるだけ「苗字＋以下のような肩書き」を言えるようになりましょう。

主席／委员／书记／秘书／

省长／市长／部长／局长／厅长／科长／处长

また、日本では、医者・士業、そして政治家と教師のことを全部「先生」で呼ぶのですが、中国の「先生」である「老师(lao shi)」は教育従事者のみです。教育従事者であれば、実際に教えていなくても「老师」と呼べます。政治家は上のように、「苗字＋肩書き」で呼ぶのですが、士業は「苗字＋職業名」で呼ぶのが普通です。たとえば、医者・看護師・弁護士・学生は苗字のあとに「医生(yi sheng)」「护士(hu shi)」「律师(lv shi)」「同学(tong xue)」をつけて呼んでいます。

日常で、肩書きがないときは苗字の後ろに「先生(xian sheng)」(Mr)「その人の苗字＋女士(nv shi)」・「その人の夫の苗字＋太太(tai tai)」(Ms)「小姐(xiao jie)」(Miss) をつけて呼びます。しかし、仲をぐっと近くしたければ、兄さん・姉さんの「～哥(ge)」「～姐(jie)」弟・妹の「～老弟(lao di)」「～老妹(lao mei)」で呼んでみるのもいいでしょう。それが114頁で紹介する年齢を確認する理由の一つでもあります。

ちなみに、平の人に対しては年下なら「小(xiao)＋苗字」で年上なら「老(lao)＋苗字」で呼ぶことが多いです。

記憶に定着させましょう！

❶ 例文を３回書き写す

❷ 動画を３回見る

❸ 例文を 10 回以上口に出して言う

❹ 中国人と実際に会話する　Ⅰ □　Ⅱ □　Ⅲ □

滞在時間の確認に答える

Q1 （中国に）来てどれぐらい？／どれぐらいこっちにいる？

らい　じょんぐぉ　どぉじゅうら　やお　だい　どぉーじゅう
来　（中国）多久了？　／　（要）　待　多久？

來　（中國）　多久了?　/　（要）　待　多久?

Lai　(Zhong guo)　duo jiu le　/　(Yao)　dai　duo jiu

Q2 いつ来たの／行っちゃうの／帰るの？

しぇんましーほぅ　らいだ　ずぉう　ほぃりーべん
什么时候　来的／走／回日本？

什麼時候　來的／走／回日本?

Shen me shi hou　lai de　/　zou　/　hui Ri ben

A 昨日来たばっかりです。／明日帰ります。

ぞぉてぃぇん　がんらい　みんてぃぇん　じゅうずぉう
昨天　刚来。　／明天　就走。

昨天　剛來。　／明天　就走。

Zuo tian　gang lai　/ming tian　jiu zou

単語

□待：滞在する

「呆」とも書きます。ちなみに、「待つ」は「等待」で一文字では「等」だけを使います。

□什么时候（什麼時候）：いつ

□来（來）・去・走・回：「来」と「去」はStep3を参考に

「走」も「行く」の意味ですが、「去」の場合目的が明確。「走」は「どこかに行っちゃう」「とにかくこの場を離れる」のニュアンスが近いです。「亡くなる」の意味にも使えます。「回」は「帰る」。後ろに必ず帰る場所を置きます。ないときは「回去」を使います。

□刚（剛）：～したばかり。（動詞の前に置く）

□就：後ろの動詞を強調する役割。（動詞の前に置く）

翻訳できない場合も多いが、よく「すぐ」と翻訳される。

解説

Q1の返答は、Step6で学んだ「時量」の知識を使ってください。ここでは、時間の表現についてさらに学びましょう。

単語が少し多めですが、中国語は時制が乏しいので、時間を表す言葉はとても重要です。頑張って覚えましょう。

□大 (da)；上 (shang)；下 (xia)；前 (qian)；后（後）(hou)

年 (nian)	大前年	前年	去年	今年	明年	后年	大后年
	三年前	一昨年	去年	今年	来年	再来年	三年後
星期 (xing qi)	–	上上个星期	上个星期	这个星期	下个期	下下个星期	–
		先々週	先週	今週	来週	再来週	

ゆぇ 月 (yue)	–	上上个月	上个月	这个月	下个月	下下个月	–
		先々月	先月	今月	来月	再来月	
てぃえん 天 (tian)	大前天	前天	昨天	今天	明天	后天	大后天
		一昨日	昨日	今日	明日	明後日	明々後日
1日の中	りんちぇん 凌 晨 (ling chen)	ざおしゃん 早 上 (zao shang)	しゃんうぅ 上 午 (shang wu)	じょんうぅ 中 午 (zhong wu)	しゃーうぅ 下 午 (xia wu)	うぁんしゃん 晚 上 (wan shang)	ばんいぇ 半夜 (ban ye)
	早朝	朝	午前	昼	午後	夜	深夜
その他	がんつぁい 刚 才 (gan cai)	しぇんざい 现 在 (xan zai)	どんいぃしゃ 等一下 (deng yi xia)	ずぅいじん 最 近 (zui jin)	~ だ しーほぅう ~的時 候 (~ de shi hou)		
	先	今、現在	あとで	最近	~の時		

他に、「**刚**」と「**就**」のような副詞もあります。たとえば「いますぐに」「もうすでに」「間も無く」「いまさら」など。

以下「**你来。**」を例にします。

马上/馬上（まーしゃん） (ma shang)　→**你马上 来!**　：すぐ来て！

已经/已經~了（いーじん） (yi jing)　→**你 已经 来 了。**：もう来た！

要/快~了（やお／くぁい～ら） (yao・kuai)　→**你 要 来 了?**　：もう来る？

才（つぁい） (cai)　→**你 才 来!**　いまさら来たの？

などなど、たくさんあります。一気に全部覚えるのは難しいと思いますが、一つずつ自分で文を考え、いざというときすぐ使えるように練習しましょう。

おまけの一言！→ 久 等了!（じゅうどん ら）

ときには、相手を待たせてしまうこともあるはず。そんなときは、以下のように「お待たせ！」と爽やかに言いましょう。

久 等了!（じゅうどん ら） (jiu deng le)

Step7 の「**不好意思**」も一緒に使えたら、さらにいいですね。

コミュニケーションのコツ：時間に対する感覚

中国人の時間に対する感覚は日本人よりだいぶ曖昧です。日本人と付き合うため、かなり神経を張って遅刻しないようにしている中国人も多いのですが、親しくなれば、また元に戻ることが多いでしょう。

日本人のマナーである5分前行動と違い、中国では0～15分の遅れが普通です。また、いまの中国は急速に車社会になったため、渋滞「堵车(どぅちゃ)(du che)」になると、30分間～1時間の遅れもよくある話です。そういう場合は、臨機応変に、待ち時間を自分の時間として活用し、相手に会うときは全く気にしていない、ストレスゼロの状態で向き合うのが中国での一流ビジネスパーソンです。

逆に、最初から最後までずっと待っている方が、中国では「あたまが硬い」という印象を与えてしまうことがあります。真面目というイメージならまだいいのですが、柔軟性がない、仕事の効率が悪いとまで思われることもあり、本末転倒です。だから、もし本当に相手が遅刻するというときは、場所をちょっと変えて他の仕事をしていて大丈夫です。「カフェに行きますので、到着したら連絡してくださいね。」のように軽く流しましょう。

また、遅刻事情も考慮し、中国で仕事をするときは、スケジュールをパンパンにしないこともコツです。1回チャンスを失うと、次が来なくなる可能性もあるので、大切な相手と会うときには、1、2時間以上の余裕をもつのが基本です。

「**午前一社**（一緒にランチ）、**午後一社**（一緒にディナー）」のように、大雑把なスケジューリングもありです。

同じように、中国側に対し細かなスケジュールを求めないことも肝に銘じましょう。締切日などは別として、たとえばイベントの1日のスケジュールにしても、日本側が求めるレベルの細かさでは出てこないことが多いのです。中国人の脳みそには「開始時間」と「終了時間」ぐらいしかありません。しかも大抵は、食事時間でカット（昼食まで or 夕食まで）しています。

私が実際に聞いた話では、ある日本人が出張に行く際に何度も中国側にスケジュールを要請していました。しかし、向こうからやっと届いたスケジュールは「朝：朝食、午前：商談、昼：昼食、午後：商談、晩：夕食」というアバウトなもの。「冗談のつもりか！」とその日本人は不信感を抱き、「本当に商談するつもりなの？　無計画の場合はキャンセルする。」と言ってしまいました。そうすると、中国側も「信頼されないのなら、しょうがない」と心が離れてしまいます。たしかに中国人は日本人ほど綿密な計画は立てません。しかし、現場効率は悪くないのです。

とにかく中国人は準備ナシの100%の現場主義者。全部「アドリブ」に任せ、「後で変えればいい」、「臨機応変」で仕事をしていきます。その現場力は日本では想像できないほどすごいものがあります。

「どうしてもスケジュールがないとダメ！」という場合、こちらからスケジュールを提案した方が効率がいいでしょう。中国人の「準備」という概念は曖昧で、あまり期待しないでください。逆に、日本人の「準備」の良さを見せることで、「さすが日本！」と相手からの信頼度が高まります。

記憶に定着させましょう！

❶ 例文を３回書き写す

❷ 動画を３回見る

❸ 例文を 10 回以上口に出して言う

❹ 中国人と実際に会話する　Ⅰ □　Ⅱ □　Ⅲ □

STEP 10 思いやりに答える

Q1 （中国は）初めてですか？

でぃ いー つー　らい じょんぐぉ　ま
第一次　（来中国）　吗?

第一次　（來中國）　嗎?

Di yi ci　(lai Zhong guo)　ma

Q2 （中国のことを）どう思いますか？

じゅえ だ　じょんぐぉ　ぜんまやん
觉得　（中国）　怎么样？

覺得　（中國）　怎麼樣？

Jue de　(Zhong guo)　zen me yang

Q3 住むのに／食べるのに、慣れましたか？

じゅ だ　ちー だ　しー ぐぁん　ま
住得 / 吃得　（习）惯　吗?

住得 / 吃得　（習）慣　嗎?

Zhu de / Chi de　(xi)　guan　ma

単語

□**第一次**(でぃ いー つー)：初めて

□**觉得（覺得）**(じゅえ だ)：～と思う

詳しくはStep27の意見についての単語をご参照ください。

□**怎么样（怎麼樣）**(ぜん ま やん)：どうですか？　いかがですか？

□**习惯（習慣）**((しー)ぐぁん)：動詞は「慣れる」、名詞は「習慣」の意味

省略して、「惯」だけ使うことも多いです。

□**得**(だ)：Step5をご参照ください。

解説

Q1は「5文字以内」の短さをキープするため、「**第一次吗?** 」か「**第一次来吗?** 」でもOKです。「**第一次来吗?** 」の他、いろんな経験に対し質問できます。

たとえば、食べる・飲むの「**吃**(ちー)・**喝**(はー) (chi・he)」、見る・聴くの「**看**(かん)・**听**(てぃん) (kan・ting)」、服などを着る・付けるの「**穿**(ちゅぁん)・**戴**(だい) (chuan・dai)」、作るの「**做**(ぞぉ) (zuo)」などなど、異文化交流ですから、このQ1は常套句です。また、例文の「中国」は「上海」「大阪」など毎回訪れる都市名に変えるようなアレンジもできます。答えるときは「**对，第一次!** 」、もしくはStep3の「**我来过～次**」や「**我常来**」（よく来ています）などを使ってください。

Q2も短くするときは「**觉得怎么样?** 」で大丈夫。この文は意見を聞くときの定番質問です。国だけではなく、人・物・味など、何でも聞けます。中国では会社の給料「**工资** (gong zi)」＋「**怎么样?** 」まで聞かれるので、気をつけましょう。主語に「**你**」を入れると、6文字になりますが、「**你觉得 / 怎么样**」のように3文字で区切り、何回も練習してください。

Q3の「**住得惯吗?** 」「**吃得惯吗?** 」も5文字以内なので、発音しやすいはずです。答えるときは、「**吗**」を省略して「**住得惯**」×2、「**吃得惯**」×2のようにしてください。もし、「**惯吗**」がとっさに思い出せない場合は、「**怎么样**」を代わりに使っても構いません。

おまけの一言！→ 还可以

「**怎么样**」などと聞かれた場合、よく使う回答は「**还可以**（還可以）」です。日本語に訳すと「まあまあ」「ぼちぼち」という意味。同じような言葉は他にもたくさんあります。

「**还行**」「**还好**」「**还不错**」か「**马马虎虎**」「**一般般**」など。

しかし、褒め言葉としては使えないので気をつけましょう。褒めたい場合はStep5で紹介した「**非常**」などの程度副詞を活用してください。たとえば、「**非常好!** 」「**非常不错!** 」など。

コミュニケーションのコツ：お気遣い

今日の例文は全て「思いやり」をアピールする文です。とくにQ3のついでに、「**你住哪（里）？**」などで泊まっているホテルなども確認されます。ホテルのランクとエリアを確認するためです。近ければ、色々連れていってあげたりなど、最高のおもてなしと情を深くする絶好のチャンスだと思われます。その他、ホテルであった困ったこと、たとえば、食事が合わないなどについて、色々助けてあげるための質問でもあります。まさに、貸し借りを作る最高のチャンスを生み出す質問です。

あなたも、日本に来た中国人には質問してみてください。たとえば、来日する中国人の中には、日本の旅館の布団が薄すぎる、部屋が狭すぎるなどで困っている人も多いそうです。

食事面では、氷水しかない、食べ物が冷たい（中国では身体を冷やすのはよくないこととされます）、量（とくに懐石料理）が少ない、味が薄い（しゃぶしゃぶなど）、生ものがいっぱい、油が足りなくてお腹がすぐ空くなどの困りごとを、私も今までかなり聞きました。基本、中国人は素直で、何かあったらすぐ話すタイプの人が多いのですが、近年国内外の「中国人のお行儀が悪い」というバッシングがひどく、気にして控えめになった人もいます。また、日本に来ているから、「郷に入っては郷に従え」で、遠慮をする人もいるようです。

この中国人の困りごとはあなたにとって「おもてなし」をする良いチャンス。ぜひ貸しを作りましょう。

たとえば、美しい日本庭園で高級な和食の創作料理コースを楽しんだら、もう一軒、熊本系のこってり豚骨ラーメン屋に連れていってあげるとか。味が薄いしゃぶしゃぶを避け、すき焼きなど味が濃い鍋物を選ぶとか。店の人に、「この方に熱いお茶を」と言ってあげるとか。あなたの気遣いは必ず感謝されます。

まだ中国人の言葉が聞き取れなくても大丈夫。Step5 で紹介した程度副詞に気をつければ、全然違います。

とくに、「**太(たい)〜了(ら)**」と「**有点(いぉうでぃぇん)〜**」は絶対気をつけましょう。不慣れと不満を表す単語です。「**太油(いぉう)了!**」(you) は脂っこい、「**太少(しゃお)了!**」(shao) は量が少ない、「**太清淡(ちんだん)了!**」(qing dan) は味が薄すぎるなどなど。

他に、「**没有**」も中国人にとって、あまりいいことではありません。たとえば、「**没有热水(れーしゅい)**(re shui)」はお湯がないこと。みんな海外で出会うトラブルのほとんどは「**没有**」と直結しています。

「**没有水(しゅい)**(shui)」: 水がない

「**没有冰(びん)**(bing)」: 氷がない

「**没有纸(じー)**(zhi)」: トイレットペーパーがない

などなどです。

これは日本人が中国に行った場合ですが、とくに困るのは、トイレットペーパーです。基本日本と違ってトイレに流せません。隣に置いてある籠に捨ててください。これに慣れない方にオススメするのは、滞在日数に応じて、日本の流せるティッシュかトイレットペーパーを持参することです。意外と助けられます。

記憶に定着させましょう！

❶ 例文を3回書き写す

❷ 動画を3回見る

❸ 例文を10回以上口に出して言う

❹ 中国人と実際に会話する Ⅰ □ Ⅱ □ Ⅲ □

結婚について説明する

お一人ですか？

にん　いー が れん ま

(您) 一个人吗?

(您) 一個人嗎?

(Nin) Yi ge ren ma?

Q2 結婚していますか？

にぃ　じぇふん　ら ま

你　结婚　了吗?

你　結婚　了嗎?

Ni　Jie hun　le ma

A 結婚しています。／独身／離婚しました。

うぉ　じぇふん ら　だんしぇん　りーふんら

我　结婚了　/　单身 / 离婚了。

我　結婚了　/　單身　/ 離婚了。

Wo　jie hun le　/　dan shen　/ li hun le

単語

□一个人（一個人）：一人、一人で

中国語では、人を数えるときは「个」を使います。しかし、敬語は「位(wei)」。店に入る時の「何名様？→几位(ji wei)」やStep8で紹介した「こちらの方は〜。→这位是〜(zhe wei shi)」もみんな「位(wei)」を使います。

□结婚，离婚（離婚）：結婚（する）、離婚（する）

□单身（單身）：独身

※独身者のことを中国語では色々な呼び方をしています。今若い人の中では、「单身狗(dan shen gou)」（狗＝犬。負け犬だから？）が一番人気です。たとえば、「虐狗(nue gou)」は犬を虐待する意味でしたが、今は「独身者の前でイチャイチャする」ことを指します。また、アラサーで結婚できていない女性は「剩女(sheng nv)」（ちなみに「剩菜(sheng cai)」は中国語で「残飯」。この言葉と重ねているのでしょう）、男は「光棍(guang gun)」（つるつるな棒、枝（家庭・子孫）が生えないことから、独身男性のこと）と呼ばれています。こうした流行語からも中国の若者の「結婚事情」に対する関心の高さが分かります。

解説

Q1は、お店に入ったときだけでなく、「一人で」何かするときにもよく聞かれます。答えるとき、「YES」は「**对，我一个人**」

「NO」の場合、

「**没有，我和朋友/家人/同事一起**」などを使います。

結婚に触れるときは、「**你（现在）一个人吗？**」（今独身ですか）「**你（还是）一个人吗？**」（まだ独身ですか）のように、修飾語がつくのが一般的。返事の「YES」は「**对，我一个人**」で同じですが、「NO」の場合はAで答えます。

Q1より、Q2の方が単刀直入です。例文の「**你结婚了吗？**」だけではなく、「**你结婚了没(有)？**」で聞かれることもあります。これは選択式の質問です。YESの場合は「**我结婚了**」（質問の前半）、NOの場合は「没有」（質問の後半）で答えます。「**～吗？**」を使う質問よりも結論がはっきりしますので、日常で好まれます。しかし語気を気をつけないと「問い詰め」になりやすいです。

初心者が使うには「**～吗？**」に統一し、その部分は相手に聞き取れる程度でいいかと思います。答えるときは、あなたの事情に合わせてAから一つ選んで覚えてください。

おまけの一言！→**还没有**

――結婚しましたか？

――まだです。

ここのまだは前回の「**还可以**」の「**还/還**」を使います。「まだしていない」は「**还没有**」ですが、一方「まだするつもりはない」を強調したい場合は「**还不急**」や「**还不想**」「**还不打算**」などを使いましょう。

コミュニケーションのコツ：結婚

「**你结婚了吗?**」に対し、否定の答えが出たら、中国人のお節介がいっぺんに吹き出します。「**赶快!**（gan kuai）」「**赶紧!**（gan jin）」「**抓紧!**（zhua jin）」などは全部「急げ」の中国語です。それなら、まだ「**好! 好! 好!**」で誤魔化せますが、

「**我帮你 介绍 吧!**」（紹介してあげましょうか）
「**你 想找 什么样的?**」（どんな人を探したいですか）

が来ると、どういう風に受け答えするかは、あなた次第です。「**我有 女朋友/男朋友。**」（彼女/彼氏）と答えれば安心だと侮らないでください。その後、「**交往**（jiao wan）**多久了?**」（付き合ってどれぐらい？）「**打算什么时候结婚?**」（いつ結婚する予定？）などのような「問い詰め」が来る可能性が高いです。「3年」などと安易に答えると、今度は「なんで早く結婚しないの？」「早くした方がいいですよ！」などのようなアドバイスが待ち構えています。とにかく、結婚事情は中国では大変人気な話題の一つです。しかし、その人気の裏には、「結婚していない人は中国では社会的信用性が低い」という文化的背景があります。だから、中国で安定してビジネスをしたい場合、できれば既婚者であることがオススメです。一部の中国の独身者はキャリアのために、わざわざ指輪をはめたり、なかには偽装結婚をすることで社会的地位を安定させる人もいます。

中国は、「家庭」を社会の単位としています。そして、結婚していない人は、一家の親に依存している不完全な人間とみなされます。だから、大学を卒業する時期に、就職と同時にお見合いラッシュがきます。日本なら、どちらかというと就職して、貯金して、そして結婚に進むというステップを踏んでいきますが、中国の場合はその逆の方が多いです。

社会人にもなっていないから、結婚の費用は親が工面するのが主流です。日本では親から「卒業旅行」のお金が出されることもあるでしょうが、中国の親は自分の子供への「卒業祝い」として結婚用の家と結納金を用意します。日本の卒業祝いとは額が異なり、中産階級でも色々合わせて50万元（約800万円）が平均ではないかと思います。もちろん、ピンキリで日本のように全部自力で賄う人もいますが、なかには数百万元を親からもらう人もいます。

実は、中国には日本のような「成人式」はありません。実質的に「成人式」の役割を「結婚」が担っています。大学3年になる頃、今まで「恋愛禁止令」を出しっぱなしの親が突然「結婚相手を連れてきなさい」と言い出します。その時期に就職を優先する人が「**剰女**」になってしまいます。一昔前の日本のように、女性は「24歳」を賞味期限のように恐れています。こういう事情もあって、中国のビジネス社会では、若い（30歳ぐらい）のに、もう5、6歳の子供がいるキャリア女子が多いのです。

もう一つ結婚が重要視される理由は、最近祖父の死で気づいたのですが、中国では日本のように「一族のお墓」という概念がなく個人墓か夫婦墓がメインです。夫婦にならないと死後も孤独。だから結婚への執着が強いのではないかと思います。

記憶に定着させましょう！

❶ 例文を３回書き写す

❷ 動画を３回見る

❸ 例文を 10 回以上口に出して言う

❹ 中国人と実際に会話する Ⅰ  Ⅱ  Ⅲ 

家族構成を説明する

Q1 相手／子供はいますか？

にぃ いおう どぅいしゃん はいず ら ま
(你)有 对象/孩子 (了)吗?

(你)有 對象/孩子 (了)嗎?
(Ni) You dui xiang / hai zi (ie) ma

Q2 何人家族ですか？

にぃじゃー いおう じーこぉうれん
你家 有 几口人?

你家 有 幾口人?
Ni jia you ji kou ren

A 4人家族です。パパ、ママ、弟一人と私。

うぉ じゃー いおう すーこぉうれん ばーば まーま いぃが でぃでぃ はうぉ
我 家 有 四口人。爸爸，妈妈，一个弟弟 和我。

我 家 有 四口人。爸爸，媽媽，一個弟弟 和我。
Wo jia you si kou ren ba ba ma ma yi ge di di he wo

単語 & 解説

□**対象（對象）**：彼氏・彼女、配偶者。Step11 の「女朋友 / 男朋友」でも大丈夫。

□**孩子**：子供。

息子：儿子 (er zi)

娘：女儿 (nv er)

子供が欲しい：要孩子 (yao hai zi)。

子供を産む：生孩子 (sheng hai zi)。

子供が育つ：养孩子 (yang hai zi) か 带孩子 (dai hai zi)

育児生活：在家带孩子 (zai jia dai hai zi)

【中国の親族の呼び方】

中国では親族に対する呼び方が日本より複雑です。覚える必要はないですが、血の繋がりを大事にしている中国文化を念頭に置きましょう。

親と兄弟は「爸爸 (baba)」「妈妈 (mama)」「哥哥 (gege)」「姐姐 (jiejie)」「弟弟 (didi)」「妹妹 (meimei)」のように1つの単語で対応していますが、「おじいさん」「おばあさん」「おじさん」「おばさん」「いとこ」といった類の親族は3つの要素を気をつけないといけません。

①父側か母側かを区別しなければいけない。たとえば、父側の「おじいさん」と「おばあさん」は「爷爷 (yeye)」と「奶奶 (nainai)」で、母側は北で「姥爷 (laoye)」と「姥姥 (laolao)」、南で「外公 (waigong)」と「外婆 (waipo)」と呼びます。また、父親の兄弟は「伯伯 (bobo)」「叔叔 (shushu)」で、母親の兄弟は「舅舅 (jiujiu)」、父親の姉妹は「姑姑 (gugu)」、母親の姉妹は「北：阿姨 (ayi)/ 南：姨妈 (yima)」。

②年上か年下かも区別する必要がある。たとえば「伯伯 (bobo)」は父親の兄で、「叔叔 (shushu)」は父親の弟です。

③自分と同性か異性かによって、呼び方も違ってきます。自分と同性のいとこは「堂哥；堂弟；堂姐；堂妹」のように「堂 (tang)」を付け、自分と異性のいとこは「表哥；表弟；表姐；表妹」のように「表 (biao)」を付けて呼びます。

解説

Q1は、Step11「**你结婚了吗?** 」→「**还没有。/ 我结婚了。**」の続きです。まだ結婚していないなら「**有对象了吗?** 」、既婚者なら「**有孩子了吗?** 」と聞きます。もし、Step11のような質問がなければ、「**你**」を入れ、「**了**」を省略した形で尋ねてください。

Q2とAは多くのテキストにも出ている重要文型です。「SV（量）O」形で、家族の総人数を数えるときはStep11の「**个**」ではなく、「**口**」になっているのが特徴です。ちなみに、Aは独身の筆者の場合の答えです。結婚して家庭をもっている人は「**我，我太太（先生），一个女儿，一个儿子**」のように紹介してください。

おまけの一言！→「生(しぇん)」不起(ぶぅちぃ)！と「对(どぅい)」不起(ぶぅちぃ)

育児負担が大きいため、中国の若い人の間で「**生不起!** 」（お金がなくて、産むことができない！）で「**不生**」（産まない）のブームもありました。上の世代には「あんな貧乏なころでも、あなたたちを産んで育てたのに、何というわがままだ！」と理解されませんが、現代の市場社会には物質面・教育面などいろんな競争で苦しんでいる若い人がいます。「**～不起**」は「お金がなく、～できない」の意味です。「**生不起**」だけではなく、「**买**(まい)(mai)**不起**（買えない）」「**吃**(ちー)(chi)**不起**（食べられない）」「**上**(しゃん)**不起**(shang)（レッスンが受けられない）」などもあります。ちなみに、中国の謝る言葉「**对**(どぅい)(dui)**不起**」もこの系統です。「お金がなくて、合わせる顔がない」から来たのではないかと思われます。

コミュニケーションのコツ：子供

Step11で、結婚式が中国の成人式と言いました。しかし、結婚はあくまでも社会人への入口。本当の一人前の社会人になるには、結婚だけではなく、今度は「親」になる必要があります。だから、「結婚はまだかい！？」のラッシュが終わると、今度は出産催促のラッシュです。

はいぶしぇん　ま　しぇんましーほぅしぇん　がんくぁいしぇん
還不生 吗?！ 什么时候生？！赶快 生！！の連発です。
まだ産まない？　いつ産むの？　早く産みなさい！

しかし、日本の待機児童と同様に、中国の保育システムも整っていません。それどころか、共働きが主流であるため、日本のような専業主婦文化もありません。女性に与えられる育児休暇もほんの1、2ヵ月しかないことが多いです。

だから、子供は基本「産め！」とせがむ親が面倒を見ることになります。幸い、中国の50代以降の人の夢は統一されたように「孫の面倒を見る」ことです。だから、夫婦の親同士が「孫の面倒見権」を争うのもよくある話です。「半年はお父さん側の祖父母が来て面倒を見る、また半年はお母さん側の祖父母が来る」というケースはしばしば聞きます。

一人っ子政策により、4人の熟年、2人の青年に子供が一人という逆ピラミッドができたため、世は子供の天下になります。少し経済力があれば、3世代が育児期間限定で共同生活を送ることが多いでしょう。どうしても家が買えない家庭は、親の実家に子供を預ける形になります。どちらにせよ、若い夫婦は共働きなので、子供のために使える時間は限られています。

その反動から、「物質的」に最善を尽くす傾向があります。

実は、よくよく観察すると、メンツを重視する中国人は、自分がこだわるものなら、なんでも一番いいものを求める傾向があります。たとえば、若い女性は顔が命だから、SK IIのような半月分の給料がかかる日本の高額化粧品を競って購入します。ペットが命の人は、輸入のペットフードを揃えます。

しかし、これらは子供に対する出費と比べれば、大したことではありません。ひと昔前に日本でもだいぶ話題になった粉ミルクや花王の紙オムツの買い占めは、その一例です。

実際に筆者も何人かの同年代の親に「日本の花王のオムツを買って欲しい」と頼まれました。花王の紙オムツだけではなく、日本の哺乳瓶・離乳食は中国の親の間で莫大な人気を得ています。それは安心・安全というより、我が子に一番いいものを与えたいという中国の親の競争心理もあります。

逆に、子供にどんな、またどれぐらいの投資をしてあげられるかという点で、親の世界観・経済力なども全て判断されてしまいます。

子供が小さいなら、消耗品などの話にとどまりますが、就学の年齢になると、「**学区房**(しゅぇちゅふぁん)(xue qu fang)（名門学校エリアの不動産)」の購入、進学指導、英語・楽器・留学などの英才教育が大変人気、というより避けられない話題になってきます。

まだ結婚していない人は、今回の例文程度に会話をとどめていいですが、お子さんをお持ちの方は、子供の話題をぜひうまく利用しましょう。

記憶に定着させましょう！

❶ 例文を３回書き写す

❷ 動画を３回見る

❸ 例文を 10 回以上口に出して言う

❹ 中国人と実際に会話する　Ⅰ □　Ⅱ □　Ⅲ □

年齢を確認する

Q1 おいくつですか？何年生まれですか？干支は？

にぃじんにぇん　どぉだー　　にぃじーじーにぇんだ　　にぃ しゅ しぇんま
你今年 多大? / 你几几年的? / 你属什么?

你今年多大? / 你幾幾年的? / 你属什么?

Ni jin nian duo da / Ni ji ji nian de / Ni shu shen me

A 私は今年、42 歳です。75 年生まれです。丑年です。

うぉじん にぇんすーしーあ すぅい　うぉ ちー うぅ にぇん だ　うぉしゅにゅ
我今年 42(岁)。/ 我 75 年的。/ 我属牛。

我今年 42(歳)。/ 我 75 年的。/ 我屬牛。

Wo jin nian si shi er (sui) / Wo qi wu nian de / Wo shu niu

Q2 同い年ぐらいかな？ ／私の方が年上かな？

うぉ めん ちゃぶぅどぉ だー ば　うぉ びぃ にぃ だー ば
我 们 差不多 大 吧。/ 我 比 你 大 吧。

我們 差不多 大 吧。/ 我 比 你 大 吧。

Wo men cha bu duo da ba / Wo bi ni da ba

単語と解説

【年齢の聞き方】

中国では年齢の聞き方は色々あります。「おいくつですか？」は相手の年齢によって、言葉を選ばなければいけません。子供なら「**你多大了？ / 几岁了？**」でいいんですが、同年代の人ならQ1、年上なら「**您今年多大年纪了？**」のように、言葉を増やします。

また、Q1の1文目のように、直接「おいくつですか？」と聞くことを避け、生まれた年を聞くなり、干支を聞くなりで色々工夫することもできます。とくに近年欧米の影響で、女性は年齢を聞かれることに敏感です。しかし、アジア文化ではやはり年齢が言葉遣いに影響するので、把握しておくことが必要です。言葉に気をつけながら、聞いてください。

中国人に年齢を聞かれた場合は、Aで対応して答えましょう。ちなみに、今年の年齢だけではなく、来年、再来年、何歳になるかも言えるようにしましょう。そもそも中国人は数え歳なので日本人より、1つ2つ上です。また年末になると、会話が自動的に「**明年,43**」「**过了年,43了**」になることも多くなります。

【年齢の比較】

Q2は誘導の質問ですが、答えるときは以下が使えます。単語は次のページの表を参考にしてください。

同じ　　　：**我们　一样　大。 / 我和你　一样 大。**
同じぐらい：**我们　差不多 大。/ 我和你　差不多 大 。**
年上 / 年下 ：**我比你　大一点。　/ 我比你 小一点。**

【比較関係の単語】

簡体字	繁体字	発音	意味
比	比	びー／ bi	前置詞：～より 動詞：比較する、当ててみる
比较～	比較～	びーじゃお／ Bi jiao	比較的に、～の方がもっと～ 例：我比较大。
更～ 更加	更加	げん／ geng がんじゃー /geng jia	さらに 例：A 比 B 大。C 比 B 更大。
最～	最～	ずぅい／ zui	もっとも、一番 例：我最大。
一样～	一樣～	いぃやん／ yi yang	同じ 例：我们 一样大。
差不多～	差不多～	ちゃぶぅどぉ／ cha bu duo	ほとんど同じ 例：我们差不多大。
～一点	～一點	いぃでぃぇん／ yi dian	「比较」と「更」より優しい言い方。単独でも、一緒に使っても大丈夫 例：我大一点。我比较大一点。「もっと～して」としても使える
～得多 ～多了	～得多 ～多了	～だ どぉ・～どぉら／ ～ de duo・～ duo le	「～一点」は少し超えていることで、こちらはだいぶ超えている意味 例：我大得多。我大多了。

おまけの一言！ → 加油（じゃーいぉう）！

中国人は比較が大好きです。比較されたら、自分に「**加油!** 」を言ってください。「頑張って！」「頑張ろう！」は万人受けするので、どんどん使ってください。

コミュニケーションのコツ：年功序列はない

日本や韓国の尊敬語や謙譲語のように、中国では年齢による徹底的な言葉遣いの変化はありません。また、年功序列という概念も正直、中国にはありません。ただし年齢は、今後付き合っていく上で、必要な呼び名を決める重要な材料の一つです。

たとえば、三国志の「桃園三結義」、劉備・関羽・張飛の3人は対等な兄弟関係を築こうとして、年齢順の「**大哥・二哥(二弟)・三弟**」で呼び合ったりします。これと似たことは、中国の新入生の寮でも毎年起こっています。これから共同生活していくほぼ同じレベルの人たちの新しいグループですから、順位付けは、やっぱり年齢順が手っ取り早いのです。学生が社会人になり、新しい環境に行き、新しいグループを作るとき、同じステップを踏んでいきます。そのときに必要な会話は、今日の例文です。

同じ歳なら、「**我也是(うぉいぇしー)！ 你几月的(にぃじゆぇだ)！ (你几号(にぃじはぅ)？)**」などでさらに月と日を確認して行くこともできます。年齢が分かったら、Step8で触れたように、「**～哥**」「**～姐**」、「**～老弟**」「**～老妹**」で呼んでみましょう。また、グループなら、一番年長の人を、「**老大(らうだー)** (lao da)」と呼びます。その他の人は劉備・関羽・張飛のように、数字順で呼び合ったりします。こうして、お互いに仮の家族的な関係性が作られ、親密度が一気にアップします。ぜひ今日の例文であなたに合った年齢の聞き方と言い方を覚えましょう。最初はそれほど親密な関係が作れなくても、知り合いの中国人の人間関係を観察するときのいい材料になります。

しかし、年齢は中国では、あくまでも他に参考材料がないときに使います。中国は年功序列というより、徹底的な「実力」社会です。その実力はもちろん、「権力」と「経済力」のことです。中国は数千年の権力争いを経験しています。権力に対する忠誠心は国民の体に叩き込まれています。権力といっても、政治家のように恐ろしいイメージをもたなくとも大丈夫です。どんな小さな管轄権・決定権があっても権力になります。

中国のドラマでこんなワンシーンがありました。年配の通報者が初対面の若手の刑事のことを「**巡警老弟**」と呼び、挨拶しました。しかし、会話中自分が犯罪者であることが相手にばれ、命乞いするときに、「**巡警老弟**」が突如「**巡警老哥**」になったのです。如実に、年齢が権力に負けることが描かれていました。

中国ではこうして、権力がはっきりするとき、年齢は無意味になります。たとえば、「**老大**(らおだー) (lao da)」はグループの中の最年長者だけではなく、最高決定権者、つまり「ボス」の意味もあります。近年中国は成功した若手の起業者を輩出しています。自分より年下でも、その人は「**老大**(らおだー) (lao da)」か「**老板**(らおばん) (lao ban)」です。

記憶に定着させましょう！

❶ 例文を３回書き写す

❷ 動画を３回見る

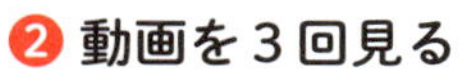

❸ 例文を 10 回以上口に出して言う

❹ 中国人と実際に会話する

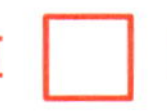

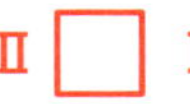

趣味について話す

Q1 普段、何をするのが好きですか？

にぃ ぴんしー しーほぁん ぞぉ しぇんま
你 平时 喜欢 做 什么?

你 平時 喜歡 做 什麼

Ni ping shi xi huan zuo shen me

Q2 ゴルフはお好きですか？

にぃ しーほぁん だー がぉ あ ふー ちゅう ま
你 喜欢 打高尔夫球 吗?

你 喜歡 打高爾夫球 嗎?

Ni xi huan da Gao er fu qiu ma

Q3 興味ありますか？一緒にいきましょう

いぉう しんちゅー ま いぃちー ちゅ ば
有 兴趣 吗? 一起 去吧?

有 興趣 嗎? 一起 去吧?

You xing qu ma yi qi qu ba

単語

☐**平时（平時）**：普段
☐**做**：する
Step8 の解説をご参照ください。口語では「干 (gan)」も使います。
☐**兴趣（興趣）**：興味。名詞として「爱好 (ai hao)」と同じ「趣味」の意味もある。
☐**高尔夫球（高爾夫球）**：ゴルフ

【他の球技と趣味】

打～球(da～qiu) 球技をする	乒乓(ping pang) 卓球	羽毛(yu mao) バドミントン	篮(lan) バスケ
	网(wang) テニス	台 / 桌(tai/zhuo) ビリヤード	棒(bang) 野球
踢 足球(ti zu qiu)　サッカーをする			
看(kan) ～を見る・読む	书(shu) 本	电　视(dian shi) テレビ	电　影(dian ying) 映画
	比赛(bi sai) 試合	直播(zhi bo) ライブ	

などなど、色々ありますが、まずは自分の好きなことが中国語でなんと言うのかを調べ、下の表に書いてみましょう。

好きなこと	簡体字	繁体字	発音

解説

テキストに出る趣味の質問文は「**你的爱好 是 什么?** 」が多いです。しかし、これはお見合い時の「ご趣味は？」に近い淡白な文で、会話は繋がりにくくなります。

実際の会話の中では、Q1 のようにさらっと「**你平时 / 喜欢做什么?** 」と聞きましょう。もしくは、自分の好きなことを入れて「**你喜欢～吗?** 」と聞いた方が、会話のキャッチボールは楽になります。

またはチケットやパンフレットなど、直接相手に資料を見てもらって、「これ、興味ある？→**这个，有兴趣吗?** 」のように Q3 を投げてもいいでしょう。「有兴趣」は「**感兴趣** (gan xing qu)」と言う人もいます。それぞれの否定は「**没兴趣**」「**不感兴趣**」になります。

おまけの一言！ → 好主意!

相手からいい提案があれば、そのときは「**好主意**」（英語の「Good idea!」）で褒めてあげましょう。言葉を思い出せないなら、「好！」を 3 回連発してもいいです。

上級レベルとしては、「なんか面白そう」の「**好像很有意思**」などに挑戦するのもいいでしょう。

コミュニケーションのコツ：段階的に深掘る

人間関係の構築は、お見合い「相亲（しゃんちん）(xiang qin)」に似ています。第一歩は相手に気にしてもらうこと。そして次はその人の全てをヒアリングで引き出すことです。

「ご趣味は？」は話題がないとき間を繋ぐ無難な質問に聞こえますが、ビジネスパーソンなら、そこからチャンスをつかめるように意識しなければいけません。一般的なゴルフももちろん大事ですが、それだけではまだ初級レベルです。

1章でも触れたように、中国式の人間関係は貸し借りで繋がることが多いのです。会社のお金でゴルフに招待するのもいいですが、結局「会社との貸し借り」にすぎません。大手企業ならそれでもいいかもしれませんが、信頼されるビジネスパーソンとして、もっと深いレベルで相手と繋がりたければ、普段から積極的に貸し借りを作ったり、一緒に過ごせる時間を増やしていくことが重要です。たとえば、本好きな人と本の貸し借りをする。寺巡りが好きな人と、一緒にお寺見学や座禅体験に行く。その他、海釣りなり、一眼レフの買い物のお付き合いなり、クラシックでもゲームでもなんでもいいので、「これならあり！」と思ったことなら、Q3で色々実践していきましょう。

また、相手の趣味を引き出すには、少し深掘りする必要があります。たとえば、「**我喜欢 看书**」「**我喜欢看电影**」と答えたら、自然に「**什么书?** 」「**什么电影?** 」と続けて聞きます。「旅行」と答えたら、「**最喜欢哪里?** 」のような質問をしていきましょう。

オタクになる必要はないですが、自分の好きな分野について、最低限のワードをコレクションしましょう。また写真などを見せるのもいい方法です。

「一つ言ったら、次の質問がすぐ来る！」これが繋がる会話です。たとえるなら、会話はとても瞬発的なキャッチボールです。学校で勉強したような長くて正しい「語学」的な文章は、実際の会話にはあまり役立ちません。ラクで楽しい会話のコツは、説明が多い長い文をやめることです。多くの日本人は真面目なので作った文章が長すぎ、情報も多すぎる傾向があります。自分が言いづらいのはもちろん、相手も聞きづらいです。

たとえば、本好きの人は「我喜欢看侦探类的小说。」より、以下のような段階的に掘り下げる会話がオススメです。

Aさん	Bさん
Q1：你（平时）喜欢（做）什么?	A1：我喜欢看书。
Q2：什么书?	A2：侦探类的。
Q3：（最喜欢） 谁的书?	A3：（最喜欢） 东野圭吾。
Q4：（最喜欢） 哪本书?	A4 → Q1：白夜行。你知道吗?
A1：我知道！ 我也很喜欢。	Q2：你也看过吗?
A2：当然!	

これが一般的な会話です。さらに「え～と」「へ～」などのクッション言葉やあいづちがあれば、会話を長く続けられますし、実質的に覚えなければならない内容は少ないです。2章の例文は若干多く感じますが、それは「選択肢」が多くなったからです。実際の会話では「短く」、「段階的に掘っていく」ことを、忘れないでください。

記憶に定着させましょう！

❶ 例文を３回書き写す

❷ 動画を３回見る

❸ 例文を10回以上口に出して言う

❹ 中国人と実際に会話する　Ⅰ □　Ⅱ □　Ⅲ □

2章のまとめ
距離を縮める

1章の当たり障りのない会話と違い、2章は探偵になったように色々探ります。そして、この段階で中国人はあなたとビジネスパートナーになれるかどうかを決めてしまいます。

中国人との付き合いは、日本の時間換算では通用しません。何十年の知り合いでも、ウワベだけの関係に止まっている人もいれば、1週間だけでも濃密な時間が一緒に共有できたことで、一生の親友になった人もいます。だから、最初の段階の「探る」を瞬時に終わらせる必要があります。人間関係を作れるかどうかを判断するのに必要なデータは、会社・収入状況と家庭状況などです。

だから、中国人は早い段階で素早くこれらの質問を投げ、すっと去って行きます。感覚的にはクレジットカードの審査に似ています。そのクレジットカードが欲しいかどうかは自分次第です。「**还没有**」「**还可以**」「**你呢?** 」のような、なあなあとした答えで質問を流してもいいですが、それは「私はこの会社のクレジットカード（あなた）にあまり興味ないです」と公言するようなことになります。人口が多いため、適当に流すのもありですが、本格的にその人とコミュニケーションしたい場合、自分なりの自己開示が必要になってきます。個人の性格、欠点、好き嫌い、誠実さ、社会地位、かつ家族ぐるみのお付き合いもできれば、中国人は安心します。

付き合ってもう数年になるのに、その人が結婚しているか分からない、という日本人式の交際は中国では遅すぎます。しかも、危険性があります。クレジットの申請をしていないか、申請に落ちた人は、中国の卵型コミュニティの外部にいるようなものなので、何の保護もなく、「カモ」になりやすいのです。中国式の交際では、丁寧であれば丁寧であるほど、2人の間には距離があります。

□相手の仕事を聞けるか、自分の仕事を言える。正しく相手を呼べる。

□時間について言える。

□給料、意見などを聞ける、また答えられる。思いやりを発揮できる。

□結婚・交際事情を聞ける、答えられる。

□家族構成を聞ける、答えられる。

□年齢を聞ける、答えられる。相手と親しく呼び合ったりすることができる。

□相手と繋がれる趣味を聞ける、答えられる。

3章

つながりを作る

SNS（微信）を交換する

Q 微信アカウント、ありますか？

にぃ いぉう　うぇいしん ま
你有　微信吗?

你有　微信嗎?

Ni　you　Weixin ma

A1 友達追加しましょう。

じゃーいぃしゃ　うぇいしん　ば
加 一下　（微信）吧 。

加一下　（微信）吧。

Jia　yi xia　(Weixin)　ba

A2 QR コードをスキャンしましょう。

さおいぃさお
扫一扫。

掃一掃。

Sao yi sao

単語

□微信（うぇいしん）：中国版のLINE

利用者数は8億人を超えています。英語の「WeChat」ではなく、「うぇいしん」と言ってください。前身はQQというサービスで、QQもまだ億桁の利用者がいます。その他、中国版のTwitterとFacebookの統合版である「**微博**（うぇいぼぅ）(weibo)」、メールの「**邮箱**（いぉうしゃん）(you xiang)」などもあわせて覚えてください。ちなみに中国で主流のメールは「**QQ邮箱**」です。

□加（じゃー）：追加、加えるの他、「入れる」の意味もある

Step13で紹介した「加油」も、「車にガソリンを入れる」「火に油を入れる」ようなイメージから「頑張る」という意味になりました。

□～一下（いぃしゃ）：ちょっと～する

動詞の後に加えて、言葉を柔らかくする役割を果たします。（Step7でも紹介）。似たような表現に、動詞を重ねる「VV」型や、間に「一」を入れる「V一V」型もあります。たとえば、「ちょっと待って」の「**等一下**」は、「**等一等**」「**等等**」と表現してもOK。A2の「**扫一扫**」もこの使い方に当たります。

□扫（さお）（掃）：元の意味は「掃除」ですが、近年は主にQRコードやバーコードなどの「スキャン」という意味で使われる

正式な言い方は「**扫描**（さおみぁお）(sao miao)」。また、QRコードは中国語で「**二维码**（あうぇいまー）(er wei ma)」です。今の中国の日常生活では、「**扫二维码**」が欠かせません。

解説

Qの「**有～吗?** 」は「～はありますか？」と訳します。ただ、中国人は無意味な質問をしたがらないので、実はこの1文は「～しましょう」という「お誘い」でもあります。あなたが質問するときも、スマホのスタンバイをしながらでOK。自分のスマホを取り出しながら、A 1でフォローしてください。

A 1は「**加一下 微信吧**」と言っても大丈夫ですが、実際の会話になると情報が多い文であればあるほど、いざというときすぐに口から出てきません。はじめのうちは今日の例文のように、できるだけ短くて覚えやすい質問を1つずつ投げましょう。

A 2は微信の追加方法で一番ポピュラーなQRスキャンです。基本はこの言い方だけで十分。知識として「ふるふる」(同時に近くでスマホを振るアカウントの検出方法）の「**摇一摇**(やおいぃやお) (yao yi yao)」、または直接「**微信号**(うぇいしんはお) (wei xin hao)」(WeChatのID）と「**手机号码**(しょーじーはぉまー) (shou ji hao ma)」(携帯電話）で追加する方法も覚えましょう。そして、追加が完了したら、「**我加你了!** 」という一言も忘れないでください。

おまけの一言！ → 常 联 系!(ちゃんりぇんしー)

連絡を取り合いましょう。英語では「keep in touch」という意味。「**常联系!** (chang lian xi)」の他、「**保持 联 系!**(ばおちーりぇんしー) (bao chi lian xi)」とも言います。微信の友達追加をした後、またはお別れする際に、よく使う一言です。

コミュニケーションのコツ：スマホ依存社会

中国は完全にスマホ社会になっています。一般の電話機能から、日常の衣（買い物全般）、食（レストランの予約、出前の注文）、行（タクシー・飛行機・電車）、住（ホテル）と娯楽（映画などのチケットから、テレビ視聴、ポッドキャスト、アイドルのライブ放送などなど）まで、全部1台のスマホで完結してしまいます。また、Step8のような仕事関係の名刺交換やデータのクラウド管理もスマホに丸投げしている企業も多々あります。中国でビジネスをするときは、名刺よりもまず相手の微信アカウント（メールを送りたい場合は、メールアドレス）を手に入れましょう。

ここまでのスマホ社会になったのは、電子決済の発達からだと思われます。安全性が高い他、細かい割り勘機能やシェアリング機能など、その利便性で人々が虜となり、日常でお金と関わるシーンの全てが電子決済だけで完結できるようになりました。今や、ど田舎のお婆ちゃんですらスマホで決済し、区役所でもスマホ決済を導入しています（私が2018年の旧正月前後、筆者が中国で実際に体験）。日本よりはるかに「現金離れ」の社会になったので、近年は財布も売れなくなり、お札もピン札がほとんど（中国のお札は汚いのが多かった）。

中国に長期滞在するときは、決済機能、チケット機能、そしてUber機能付きの「**微信**」をダウンロードしましょう。「**微信**」はただのSNSではありません。今中国の電子決済は、半分「**微信**」半分アリペイの「**支付宝**（じーふーぱぉ）(zhi fu bao)」の天下です。

3章 つながりを作る

ただし「**微信**」と「**支付宝**」の電子決済には身分証、中国の銀行口座、携帯番号の身元認証の３つが必要です。外国の人にとっては手続きが少し面倒。短期滞在の方は、まず現金「**现金**（xian jin）」で凌ぎましょう。ちなみに、中国の身分証「**身分证**（sheng fen zheng）」は、銀行口座・携帯電話を作るときだけではなく、ホテルの宿泊や新幹線などのチケット購入まで全部必要になっているため、よく提示を求められると思います。外国人の場合はパスポート「**护照**（hu zhao）」でOK。自分から「**护照，可以吗？**」と言いながらパスポートを提示しましょう。

また、渡航するときに、クレジットカードだけでは、不便なことになります。なぜなら、クレジットカードは都市部や外国人観光客が多い地域でしか使えないことが多いからです。

どうしてもカードを使いたい場合、まずカード決済できるかどうか「**可以 刷卡**（shua ka）**吗？**」を聞きましょう。しかし、一定の現金を持っておくのが無難です。

ちなみに私の実体験としては、クレジットカードでは「VISA」が一番使える場所が多いと思います。ただし、ベストは「**银联**（Yin lian）」マークがつくクレジットカードを作ることです。日本でも作れます。日本では通称「**銀聯**カード」と呼ばれますが、中国語の「**银联 卡**（Yin lian ka）」で覚えましょう。これなら、中国のどこでも問題ありません。

記憶に定着させましょう！

❶ 例文を３回書き写す

❷ 動画を３回見る

❸ 例文を 10 回以上口に出して言う

❹ 中国人と実際に会話する　Ⅰ  Ⅱ  Ⅲ 

繋がりをキープする

Q1 居ますか（オンラインですか）？

ざい　ま
在　吗?

在　嗎?

Zai ma

Q2 今、大丈夫ですか？

しぇんざい　ふぁんびぇん　ま
现在 方便吗?

現在 方便嗎?

Xian zai fang bian ma?

Q3 久しぶり、最近、どうですか？

はぉじゅー　ぶ　じぇん　ずぅいじんぜん　ま　やん
好久不见，最近怎么样?

好久不見，最近怎麼樣?

Hao jiu bu jian　Zui jin zen me yang?

単語

□**现在（現在）**：「今」という意味

時間の表現は Step9 を確認しましょう。

□**方便**：便利。都合がいい

ちなみに「我去方便一下」は、お手洗いにいくという意味になる。

□**好久不见（好久不見）**：ご無沙汰。お久しぶり

□**怎么样（怎麼樣）**：どうですか？

Step10 を確認しましょう。

解説

「微信」「QQ」「微博」「邮箱」、いずれかのアカウントを相手と交換した以上、定期的に連絡することが必要です。そこでこの Step の例文が活用できます。

中国の SNS は基本的に「既読機能」はありません。よって、チャットの始まりには Q1 の「在吗？」を頻繁に使います。答えるときは「在」「我在」「什么事」などでいいでしょう。相手がオンラインであることが確認できたら、Q2 や Q3 を使います。この 2 文は知り合いに話しかけるときの定番と言えます。何度も練習してパッと出るようにしましょう。

コミュニケーションのコツ：定期的にメッセージを

日本では、お中元、お歳暮と年賀状などで繋がりをキープします。しかし中国では、親族どうしならありますが、ビジネスの場合、日本ほどはっきりとした贈り物の文化はありません。似ているのは、中秋（旧暦の8月15日〈大抵10月上旬〉）の名月の月餅「**月饼**(ゆぇびん)（Yue bing）」贈り合いです。

定期的な贈答文化がないため、繋がりをキープするには、SNSなどのメッセージを活用します。つまり、「あけましておめでとうございます」のような挨拶のメッセージを一年中、いろんな節で送ります。「おまけの一言！」で覚えましょう。

おまけの一言！ → 新年快乐(しんねんくぁいら)！

「**新年快乐**(しんねんくぁいら)**！**」は「**新年**」と「**快乐**」（**快樂／快楽**）に分けています。中国人は「新年」に対する概念が曖昧です。よって、1月1日の元日にも、旧正月（大抵2月中旬）にも使えます。「**快乐**」は英語の「Happy」の訳です。「新年」の他、一年中いろんなおめでたい日に使えます。たとえば、旧正月は中国語で「**春节**(ちゅんじぇ)**（春節）**（chun jie）」。旧正月になると「**春节快乐！**」のメッセージがたくさん届くのです。中国では、こういうおめでたい日を一様に「**节日**(じぇりー)**（節日）**（jie ri）」とも呼びます。だから「**节日快乐！**」は万能なフレーズです。

中国の「**节日**」と日本の赤い日の「休日」はだいぶ違います。確かに、中国でも赤い文字で表示はしますが（「**春节**」を中国のBaidu検索エンジンで検索すると、下図のようにカレンダーが出ます）、「休」というマークがない限り、「**节日**」でも休みません。

2018年 ▾ ‹ 2月 ▾ › 假期安排 ▾ 返回今天

一	二	三	四	五	六	日
29 十三	30 十四	31 十五	1 十六	2 湿地日	3 十八	4 立春
5 二十	6 廿一	7 廿二	8 小年	9 廿四	10 廿五	班 11 廿六
12 廿七	13 廿八	14 情人节	休 15 除夕	休 16 春节	休 17 初二	休 18 初三
休 19 雨水	休 20 初五	休 21 初六	22 初七	23 初八	班 24 初九	25 初十
26 十一	27 十二	28 十三	1 十四	2 元宵节	3 十六	4 十七

2018-02-02 星期五
2
腊月十七
丁酉年【鸡年】
癸丑月 乙丑日
宜：祭祀 解除 余事勿取
忌：诸事不宜

基本、旧正月、GW、国慶節という3つの1週間の長期連休以外、あまり休みはないため、一般の「**节日**」はただメッセージを送る日となっています。

あなたも、ぜひこの文化を覚えてください。Baiduのカレンダー機能を使い、赤い日になれば、「**〜快乐!** 」を送りましょう。ちなみに、誕生日は「**生日快乐!**（しぇんりーくぁいら）」と言います。

また、上図の2月4日の「立春」と2月19日の「雨水」は「**二十四节气（二十四節氣）**」です。こういう日は個人メッセージを送る必要はありませんが、SNSで投稿するときのネタになります。気にかけてもよいでしょう。

ついでに中国の「节日」について一通り紹介しましょう。単語より、「ネタ」がカナメです。

ちゅんじぇ
春 节 (chun jie) 旧暦のお正月

ゆぁんしゃおじぇ
元 宵 节 (yuan xiao jie) 旧暦の1月15日

1年の最初の満月を祝う日。灯籠祭りをする地域もある。北方は餃子、南方では同名の「元宵」というスープ大福を食す文化があるので、「**吃元宵了吗**」などを聞くとよし。

ちんれんじぇ
情人节 (qing ren jie) 2月14日

独身の人なら、Day11の知識を活用してみる。カップルならプレゼントやイベントを聞くとよし。

さんぱー ふ ぬゅじぇ
三八妇女节 (san ba fu nv jie) 3月8日

女性に半日休暇が与えられ、バーゲンなどが開催されるため、「休み」や「買い物」などをネタに聞くとよし。

うぅいーらおどんじぇ
五一劳动节 (wu yi lao dong jie) 5月1日

GWなので、「**五一，去哪？**」のように、旅行計画などを聞くとよし。

むぅちんじぇ
母亲节 (mu qin jie) 日本と同じ プレゼントをネタに。

ふぅちんじぇ
父亲节 (fu qin jie) 日本と同じ プレゼントをネタに。

どぅあんうぅじぇ
端 午节 (duan wu jie) 旧暦の5月5日

ちまきの「**粽子**(ぞんず)(zong zi)」を食す文化があるので、「**吃粽子了吗**」などと聞くとよし。

あ とんじぇ
儿童节 (er tong jie) 6月1日 子供へのプレゼントをネタに。

しーいーぐぉちんじぇ
十一国庆节 (shi yi guo qing jie) 10月1日

こちらも中期休暇なので、「**十一，去哪？**」のように、旅行計画などを聞くとよし。

じょんちゅうじぇ
中 秋 节 (zhong qiu jie) 旧暦の8月15日

月餅を食べる・買う・贈るなどをネタにするか、日中の月見の違いをネタにするとよし。

ちーしーちんれんじぇ
七夕情人节 (Qi xi qing ren jie) 旧暦の7月7日

バレンタインと同じ。日本のように笹の葉に短冊を飾る文化はない。2月14日と12月24日と同じく恋人へのプレゼントをネタに聞くとよし。

しゅあんしー い ぐぁんぐんじぇ どぅおしょうじぇ
双 十一/光棍节/剁 手 节 (shuang shi yi / guang gun jie / duo shou jie) 11月11日

最初は独身の日(1は棒のように、独身者にそっくりだから、独身者が集まって賑わう日)、今ではネットショッピングのバーゲンの日、手を切るぐらい爆買いする日から、手を切る節というネーミングがされた。「**你买什么了？**」などと聞くとよし。

しょんだんじぇ
圣 诞节 (sheng dan jie) 12月25日 メリークリスマス。

記憶に定着させましょう！

❶ 例文を３回書き写す

❷ 動画を３回見る

❸ 例文を 10 回以上口に出して言う

❹ 中国人と実際に会話する　Ⅰ □　Ⅱ □　Ⅲ □

STEP 17

写真を撮る

Q 一緒に写真を撮りましょう。

いーちぃ　ぱい が じゃお ば
一起　拍个照吧。

一起　拍個照吧。

Yi qi　pai ge zhao ba

A1 確認してください。大丈夫ですか？

にぃかんいぃしゃ　かーい ま
你看一下。　可以吗?

你看一下。　可以嗎?

Ni kan yi xia　Ke yi ma

A2 送ります。／送ってもらってもいいですか。

うぉふぁげいにぃ ば　にぃふぁげいうぉ ば
我发给你吧。 / 你发给我吧。

我發給你吧。 / 你發給我吧。

Wo fa gei ni ba　Ni fa gei wo ba

単語

□拍照（ぱいじゃお）：写真を撮ること

その他「照相（じゃおしゃん）(zhao xiang)」「合照（はっじゃお）(he zhao)」なども同じ意味。使うときは間に「个」を入れてください。名詞の「写真」のことを言いたいときは、「照片（じゃおぴぇん）(zhao pian)」もしくは「相片（しゃんぴぇん）(xiang pian)」と言ってください。

□看（かん）/ 确认（ちゅぇれん）(que ren)：確認すること

撮った写真の具合を確認するなど、日常の小さな「確認」は「看」で十分。ちなみに、「看」は中国語で「見る」「読む」「観賞する」「訪ねる」「思う」そして、今回の「確認する」までいろんな意味があります。一方、「确认」はフォーマル、または強調したいときに使います。

□可以（かーい）：よろしい、大丈夫、許可するなど

□发（ふぁ）（發）：送る。発送、発信、送信するなど

□给（げい）（給）：動詞として「あげる」「くれる」の意味

多くの場合、英語の前置詞の「to 人」、日本語の誰々「に」「へ」と訳します。

解説

Qは、「**一起 / 拍个照吧**」のように間を区切って発音しましょう。「**拍个照**」は「**照个相**」に代えても大丈夫です。また集合写真の場合は、「**合个照**」を使うのがオススメです。

A1は、2文に分けて話すのもいいです。「**你看一下**」でスマホを渡して、相手が見ている間に「**可以吗?**」と聞きます。

目をつぶった「**闭眼了**(びぃいぇん ら)」、手が震えた「**手抖了**(しょうどぅ ら)」などで、「もう1枚お願いします」の「**再拍一张**(ざいぱいいぃじゃん)(zai pai yi zhang)」や「もう1回確認してみてください」の「**你再看一下。**(にぃざいかんいぃしゃ)(ni zai kan yi xia)」もあわせて覚えれば完璧です。

A2を話す場合、「**我**」と「**你**」などで指の動作も忘れないでください。単語で覚えるのではなく、動作で覚えた方が記憶に定着しやすいです。

おまけの一言！ → 有照片吗，看一下(よぅじゃおぴぃえん ま，かんいぃしゃ)

「写真ありますか？　見せてください」という意味。中国人は「写真オタク」。たくさん撮りたがり、たくさん見せたがるのです。会話のネタとして、写真を積極的に頼りましょう。とくに、2章で触れた家族、恋人、子供または趣味などを聞くときに、この一言を加えた方が、話がもっと盛り上がります。

コミュニケーションのコツ：加工文化

中国は「歴史」を好む国で、歴史書を編むのも好きです。孔子時代のお固い『春秋』から、司馬遷の小説風な『史記』。そして、『史記』を模倣する歴代王朝の正史たる『二十四史』の他（ちなみに、『日本書紀』もこの類）、民間で花が咲いたいろんな逸話をコレクションした『野史』など、数は膨大にあります。

しかし、歴史とはいつも「勝者」の歴史です。日本の「万世一系」と違い、中国の場合、長ければ400年、短ければ40年もない間で王朝の交替が行われます。勝ち取った新王朝が真っ先にやらなければいけないのは、前王朝の「正史編纂」事業です。自分の「乗っ取り」を大義名分として正当化するためにも、前王朝のどこかを悪く書かなければいけません。こうした「加工」作業は、数千年繰り返されています。これが、現代中国人の行動にも影響しています。

たとえば、経過過程などよりも断然「結果主義」です。結果を出すためには、手段を選びません。また、中国人の「権力崇拝」もここから来ています。「権力さえあれば、黒も白になれるのだ！」と信じる傾向があります。

しかし、そういった難しい国民性よりも、あなたは日常的な「写真」の方を気にかけてください。中国人は歴史（記録）が大好きだから、とにかく写真をたくさん撮ります。このStepの例文を口癖にするぐらい、いろんな中国人とツーショットや集合写真を撮りましょう。

写真を撮るのはいいですが、そのままの写真を送ってはいけません。必ず「加工」してあげてください。女性のスマホによく入っている「Beauty Plus」など写真加工アプリの多くは、中国の若手ベンチャー企業「美图公司(めぇいとぅごんすー)(mei tu gong si)」(Meitu) の製品です。ダウンロード数は全世界で11億超え(2017年8月)。自撮りに特化した独自のスマホ端末も出ています。日本人好みの「素」の撮り方では好かれない場合が多いので、気をつけましょう。

また、中国に行けば、街中に「影楼(いんろぅ)(ying lou)」と呼ばれる写真館をたくさん見かけます。ガラス窓にウェディングドレスがいっぱい並んでいるので、ブライダル専用かと思われがちですが、実は個人写真・親子写真・女子友写真・恋人写真・コスプレ写真まで色々なメニューがあります。誰でも女優や俳優並みの写真が撮れるのです。カメラマンは写真技術より、加工技術のPhotoshop (PS) でものを言わせます。

よって、中国人と付き合うならば、派手めな写真を撮るコツを押さえましょう。撮り方だけではなく、加工技術も必要です。上級者になる必要はないですが、切り取り・色・明暗・コントラストの調整など基礎は押さえておきましょう。

余談ですが、中国のインターネットではこんな言葉が流行っています。「アジアには四大神術（邪術とも言う）がある。日本の化粧術、韓国の整形術、タイの変性術、そして中国のPS術」。ビジネスなら関係ないと、慢心してはいけません。なにせ、中国の働く女性は日本より圧倒的に多いのです（しかも強気)。くれぐれも上手な写真の加工を心がけましょう。

記憶に定着させましょう！

❶ 例文を３回書き写す

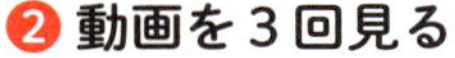

❷ 動画を３回見る

❸ 例文を 10 回以上口に出して言う

❹ 中国人と実際に会話する

Ⅰ  Ⅱ  Ⅲ 

さりげなく食事に誘う

Q1 お腹空いた？

にぃ　あ ぶぅ あ

你 饿不饿?

你 餓不餓?

Ni e bu e

何か食べに行こう！

うぉめん　ちゅちーでぃぇん　どん しー　ば

我们　去吃点　东西 吧。

我們　去吃點　東西　吧。

Wo men　qu chi dian　don gxi　ba

Q2 お昼、何にしますか？

じょんうぅ　ちーしぇん ま

中午　吃什么?

中午　吃什麼?

Zhong wu　chi shen me

単語

□饿（餓）：お腹が空いていること

ちなみに、お腹は「**肚子**（du zi）」。「**肚子饿**（du zi e）」と喉が乾くの「**口渴**（kou ke）」は関連性が強いので、一緒に覚えましょう。

□吃：食べる

食べることはよく「**吃东西**」と言い、他に、ご飯を食べる「**吃饭**（chi fan）」、夜食を食べる「**吃夜宵**（chi ye xiao）」などもある。また、食いしん坊は「**吃货**（吃貨）（chi huo）」。関連の「飲む」は「**喝**（he）」を使いましょう。

□东西（東西）：「もの」の意味

「**吃东西**」以外、**买东西**（買い物をする）などもあります

解説

Q1は「**你饿了吗?** 」でも大丈夫ですが、例文の方がより口語的です。

Aの「**东西**」は具体的な「**饭**」「**夜宵**」などに置き換えてもいいですし、曖昧な「**什么**」でも大丈夫です。「なんか飲みに行こう」なら、「**喝点什么**」になり、色々アレンジできます。

Q２の「**中午**」部分はStep9の時間表現を置き換えることでバリエーションが増やせます。また「**吃**」の前に「**想**」などを入れるとよりナチュラルになります。

おまけの一言！→吃了吗（ちーらま）？

中国人の日常の挨拶は「ニィハォ」ではなく「**吃了吗?** 」です。No なら「**还没**」、Yes なら「**吃了**」「**吃过了**」と答えてください。また、関西のおばさんのように何かしらのオヤツを携帯し、「**要吃吗?** 」と聞く人も多いです。答えは No なら「**不用，谢谢**」、Yes なら「**谢谢**」を使いましょう。

コミュニケーションのコツ：食文化

中国人は食いしん坊です。「生きるために食べる」より「食べることに生きる」と思う人の方が多い気がします。たとえば、中国人の座右の銘に「**民以食 为 天！**（みんいしー うぇいてぃえん）（民の一大事は食事だ！)」「**人是铁，饭是钢!**（れんしーてぃえふぁんしーがん）（人は鉄と喩えるなら、ご飯は鋼だ！)」などがあります。

食文化は重要ですが、中国ほど「食」に対する信仰が深い国は稀でしょう。食事が生活の中心にあるため、自然と人間関係も食事と関わってきます。日本語にも「同じ釜の飯を食う」という言葉があるように、中国でも食事は人間関係をキープするという重要な役割を果たしています。「同じ釜」でなくてもいいですが、とにかく一緒に食事することが情を深める一番の方法。となると、中国人と何かしらの関係を築きたければ、一緒に食事をするのが一番てっとり早い方法でもあります。また、本格的な繋がりを作るスタートラインでもあります。

記憶に定着させましょう！

❶ 例文を3回書き写す

❷ 動画を3回見る

❸ 例文を10回以上口に出して言う

❹ 中国人と実際に会話する　Ⅰ  Ⅱ  Ⅲ 

予定を聞いて誘う

Q (時間) 空いていますか？

にぃ　いぉう　こん　ま
~，你 有 空 吗?

~，你 有 空 嗎?

~ Ni you kong ma

A1 一緒にご飯でも食べましょう。

いーちー　ちー が ふぁん ば
一起 吃个饭吧。

一起 吃個飯吧。

Yi qi chi ge fan ba

A2 いいですよ。/ その日はダメです。また今度にしましょう。

はお　あ　なーてぃえん　うぉいぉう　じーしー　しゃーつーばぁ
好 啊。/ 那 天 我有 急事。下次吧。

好 啊。/ 那天 我有 急事。下次吧。

Hao a / Na tian wo you ji shi Xia ci ba

単語

□空（こん）：名詞では「空き」の意味

形容詞では「から」、「中身がない」という状態。アクセントはちょっと違う。ここは時間（**时间**（じーじぇん））のことを言っています。

□吃个饭（ちー が ふぁん）（吃個飯）：「ちょっと食事をする」という意味

「**吃饭**」の真ん中に、「**(一)个**」を入れることで、言葉を柔らかく（謙虚っぽく）します。翻訳するときは、「**一下**」と同じく「ちょっと」でいいでしょう。似たような表現は「**一下**」、「**一杯**」「**(一) 点**」などがあります。

□有事（いぉうし）：用事がある

重要で緊急な要件を強調する時は、例文の「**急事**（じーしー）」を使います。

解説

Qの「～」にはStep9の時間表現を入れてください。たとえば「**明天晚上**」「**下个星期天**」など。また「**有空吗?**」は「**有时间吗?**」や「**有事吗?**」などに置き換えても大丈夫です。前にも触れたように、中国人の会話は、何か目的ありきのもの。「誘いたいです！」とわざわざ言わなくても、この１文で十分誘い文句となります。

A１は必ずしも「ご飯」でなくても大丈夫です。「ちょっと会おう」の「**见个面**（じぇん が みぇん）(jian ge mian)」「**聚**（じゅ）(ju) **一下**」、「ちょっと一杯飲もう（お酒でもコーヒーでも）」の「喝一杯 (he yi bei)」、「ちょっと買い物でも」の「去买点东西 (mai dian dong xi)」「去逛逛街 (qu guang guang jie)」などへの置き換えもできます。

A2 は、誘われたときの答え方です。OK は簡単ですが、断るときはちょっと気をつけなければいけません。「不好意思」や「对不起」など謝る言葉は使わなくてもいいのですが、肝心なのは、相手のメンツに配慮することです。日本のビジネスマンにありがちな NG は「先約がありまして……」を使ってしまうこと。実は、この言葉はかなり相手にとって癪に障る可能性があります。人によっては「何なんだ、俺様より他人が大事なのか !?」と取られてしまいます。

だから、例文もただの「有事」ではなく「急事」にしています。また、「下次吧」をより優しくするには、後ろに「好吗？ / 可以吗？ / 行吗？」をつけたり、親近感を増やすためにその前に「我们」を入れたりするのもありです。また日本式の「日を改めて」の「改天 (gai tian) 吧」も使えます。とにかく自分の一番話しやすい言い方をチョイスして練習しましょう。

おまけの一言！ → 「真巧！」と「真不巧！」

「巧」(qiao) は日本語と同じように「たくみ」という意味もありますが、今の中国語では「偶然」「ちょうどいい」という意味でよく使われています。

「ちょうどいい」と思うなら、「真巧！(zhen qiao)」(Step5 の程度副詞の「好巧」「太巧了」なども大丈夫) を、「あいにく」など残念に思うときは「真不巧！ (zhen bu qiao)」を使いましょう。

コミュニケーションのコツ：断る

Step18の会話は「職場に中国人がいる」「親しい仲の中国人の友達がいる」ことが前提になっています。親しくない相手とは、まず微信で友達になって、このStep19のようなプロセスを踏まなければなりません。

あなたの予定が空いていて「OK」でしたら、具体的な時間・場所（店）を決める段に入りますが、多くの場合、「**不巧**」と返さなくてはならないこともあると思います。今回の例文の最後にわざわざ「**下次吧**」をつける理由は、実際の会話中、「**我有事**」と言えば、相手に「**什么事?** 」という質問を返されるからです。

日本人から見れば若干「問い詰め」「立ち入り」すぎたような感じもします。しかし実は、「**那天我有事**」だけでは、中国語の断り方としては不十分です。断る以上、それなりの理由の説明（言い訳でもいいので）をしなければいけません。または相手のメンツを潰すことにならないよう、「**下次吧**」「**改天吧**」などで挽回も必要です。

これは、遅刻問題でも同じです。日本では遅刻をすれば、「まず謝れ！」ということになりますが、中国ではまず「納得させる理由を出してもらおうじゃないか！」という発想になります。この文化の差を知らなければ、日本の方から見れば、中国人がただ言い訳が多く、ずるくて不誠実な人に見えてしまいます。

「言い訳」は中国語で「借りた口」→「**借口**（じぇこぅ）(jie kou)」と言いま

す。日本と同じくマイナスのニュアンスがありますが、日本よりも中国人の方が他人の言い訳に対して寛容です。また、いろんな言い訳の中でも「家族」のことが一番許されます。

前にも触れたように、中国人の人間関係の核は「家庭」です。

だから、物事を断るとき、「**我家里**(うぉじゃーりー) **有**(いぉう)**（点）**(でぃえん)**事**(しー)」を盾に取れば、大抵納得されます。なにせ、いくら自分が重要なお客さんであっても、親族には敵わない！ ということを中国人はわきまえているからです。

たとえば、夜のお酒の会で、男性のスマホがよく鳴ります。これは奥さんからの「家に帰れ！」の催促電話です。日本人からすれば、多少「束縛感の強い妻」「公私混同の妻」に見えるかもしれません。しかし、中国ではこういう電話は失礼なことではなく、逆に男性にとって、どちらかというと名誉なことです。妻子持ちの方であれば、相手からの誘いを断るいい理由がない場合、奥さんと子供を盾にしましょう。

一番してはいけないのは、相手と同じレベル（もしくは下）の人との先約で、相手からの誘いを断ることです。相手のメンツを丸潰しにするような行為となってしまいます。また、「宅配便を受け取る」、「美容室の予約がある」などの理由もタブーです。「私のことより、そんな下らないことを優先するのか」と不快に思われてしまいますので、くれぐれも気をつけましょう。

もう1回強調します。相手からの誘いは断ってもいいのですが、ただの「断りっぱなし」には決してしないでください。少なくとも断る「理由」を言う、もしくは「挽回」するかのどちらか1つはしてください。とくに、「理由」を選んだときは、相手のメンツをたてることに配慮しましょう。

記憶に定着させましょう！

❶ 例文を３回書き写す

❷ 動画を３回見る

❸ 例文を 10 回以上口に出して言う

❹ 中国人と実際に会話する　Ⅰ □　Ⅱ □　Ⅲ □

借りをつくる／恩を売る

Q1 ～はお知り合いですか？

にぃ れんしー じー だお ま
你 认识 / 知道 ～ 吗?

你 認識 / 知道 ～ 嗎?

Ni ren shi (zhi dao) ~ ma

A1 ちょっと紹介／探してもらってもいいですか？

ばんうぉ じえーしゃお じゃお いぃしゃ ば
帮我 介绍 / 找 一下吧。

幫我 介紹 / 找 一下吧。

Bang wo jie shao /Zhao yi xia ba

A2 奢りますよ。

うぉちん にぃちーふぁん
我请你吃饭！

我請你吃飯!

Wo qing ni chi fan!

単語

□认识（認識）：知り合う
「人」以外にも「文字」「道」を知る、分かるときにも使えます。一般の「もの」や「こと」を知る場合は「**知道**」を使います。

□帮（幫）：手伝う、助ける（または英語の「help」の意味）
「ちょっと～してあげる」「ちょっと～してもらう」のように、ビジネス中国語ではよく使う単語で、それほど「ヘルプ」のニュアンスは強くありません。

□找：探す

□请（請）：（動詞の前に置くと）～してください
動詞としては「奢る」の意味になります。

【相手を表す表現】

中国語の文法を紹介するときに、「SVO」の「S」と「V」の間にいろんな要素を入れることができると説明しました。**【時間】**・**【場所】**・**【副詞】**や「好き」「できる」「したい」などの**【助動詞】**（またの名は「能力」と「願望」の「能願動詞」）の他、**【相手】**もあります。

今日の例文はまさにこの使い方です。

（你）　　介绍／找 一下吧。
　　（帮我）
我　　　吃饭。
　　（请你）

次のページに常用表現をリストアップしてみました。

簡体字	繁体字	発音	意味
给	給	げい／gei	あげる・もらえる (人)に～してあげる・くれる・もらえる
帮	幫	ばん／bang	手伝う 「给」の丁寧版
让	讓	らん／rang	ゆずる (人)に～させる・してもらえる
请	請	ちん／qing	奢る (人)に奢る・奢ってもらう (人)に～してください
问	問	うぇん／wen	質問する (人)に～を聞く
借	借	じぇ /jie	貸す・借りる (人)に～を貸してあげる・借りてもらう
把	把	ばー／ba	(人・もの)を～してしまった
被	被	べぇい／bei	(人)に～されてしまった
比	比	びー／bi	～より

解説

Qの「**你知道吗?**」は話題を提起するときの口癖でもあります。人名などを入れない言い方でも活用してください。または例文のように、「～」に「**这个**」などを入れ、実際に写真やパンフレットを見せたりするのもいいでしょう。「**认识**」の場合「**这个人**」や「**这个字**」などを入れられます。

A1は「**介绍**」と「**找**」だけではなく、「買ってもらう」の「**买**」と「**带**(だい)(dai)」に置き換えても使えます。

おまけの一言！ → 小意思！ 客气什么！

お礼をされたときは、この一言を使いましょう。

「小意思！（xiao yi si）」（お安い御用）

「意思」は本来「意味」という意味ですが、「小意思！」以外にも、「意思意思！」（ほんの気持ちです）、「不好意思」（すみません、恥ずかしい）、「怎么好意思」（恐れ入る）など色々な使い方があります。

「客气什么（ke qi shen me）」（遠慮無用）は「别客气（bie ke qi）」・「不客气」とも言います。

コミュニケーションのコツ：中国は「個人主義」なのか？

食事は、何かしらの「理由」をつけて誘うことも1つの策です。Step 14の「趣味」で紹介した文もここで使えます。しかし、一番は「貸し借り」をつくって誘うこと。手っ取り早いのは、日用品の買い物を頼むことからです。実は中国では北京人以外、一般の人は政治・経済にあまり関心がありません。日本人は中国を語るとき、経済がどうのこうの、共産党がどうのこうのと言いたがりますが、中国人は日本を語るとき、大抵食べ物・日用品・美しい風景など、とにかく具体的なことに興味があるのです。日本人から見れば、「中国人は個人主義」と感じることも多いでしょう。しかし、それは数千年の権力争いで、政治に飽きている、または諦めている部分があるからです。

本当の中国人の付き合いは、人との貸し借りばかり。

中国人とビジネスパートナーになりたければ、「ニュース」の話題より「個人の生活」をテーマした方がいいです。本人だけではなく、その人の家族も含めた生活のニーズをヒアリングして、日本のもので「賄賂」をしてみましょう。たとえば、老人なら健康グッズ、奥さんなら化粧品、子供ならアニメグッズなど。実は中国人は「中国国産」のものに対し、大抵「安物」「劣等品」というイメージがあり、外国のものに憧れています。それで「**代购**（**代購**）(dai gou)」（代理購入者）という職業まで生まれたのです。数年前からの「爆買い」には、かなりの割合でこうした「**代购**」が貢献しています。

中国人が日本のものを欲しいときは今日の例文を使いますが、あなたも中国の何かが欲しいとき、遠慮せずねだってみましょう。なにせ、「手数をかける」人は「価値がある」人ですから。「手を煩わすから」という理由で安易に中国人へのお願いを遠慮してはいけません。

筆者が聞いた話では、ある中国人の社長が日本のお得意先にパソコンのケーブルを忘れてしまい、「今度中国に来る時、担当の方に持ってきてもらってもいいですか」と電話したところ、秘書は「その者にも荷物があるので、ちょっと……」という返事をして、だいぶ反感を買ったようです。印象的なのはその社長さんの「日本人は本当に個人主義ですね」というコメントでした。中国はコネクション社会ゆえ、他人に依存しすぎる傾向があり、その影響か、物事の判断基準はまず家族と親友、その次は会社と同僚。「自分」はいつも最後。だから「自分」にしか関係のない理由で、人の頼みを断ると「個人主義だ！非常識だ」と思われがち。気をつけましょう。

記憶に定着させましょう！

❶ 例文を3回書き写す

❷ 動画を3回見る

❸ 例文を10回以上口に出して言う

❹ 中国人と実際に会話する Ⅰ □ Ⅱ □ Ⅲ □

食事の約束を確定する

時間と場所を 決めてください。

しーじぇん　でぃでぃえん　にぃでぃん
时间，地点，你定。

時間，地點，你定。

Shi jian　Di dian　Ni ding

遅刻し（忘れ）ないでよ。

ぶーやお　ちーだお　わん　ら
不要　迟到／忘　了！

不要　遲到／忘　了！

Bu yao　Chi dao/Wang　le

A3 問題ないです。

めぇいうぇんてぃ
没 问题！

沒問題！

Mei wen ti

単語

□时间（時間）：時間（名詞）
□地点（地點）：場所（名詞）
□定：決める。決定(jue ding)とも使う
□不要：命令の「～しないでください」。「别(bie)」も同じ意味。
□迟到（遲到）：遅刻すること

飛行機などの遅延は「晚点(wan dian)」になります。「迟到」は人間にしか使えません。

□忘：忘れる。忘记(wang ji)とも使う
□没问题（没問題）：問題ない。（英語の「No problem」に近いニュアンス）

日本語に訳すと「問題ない！」「大丈夫！」「お任せください！」になります。ちなみに、怪我などで「大丈夫？」と聞くときと「無事です」と答えるときは「没事吧？(mei shi ba)」と「没事！(mei shi)」を使います。

解説

お誘いが無事成立したら、今回の例文を使って時間と場所を決めましょう。

A1は若干かたい言い方で、会議などにも使えます。日常では疑問形の「什么时候(shen me shi hou)？ 什么地方？(shen me di fang)」や「什么时候？ 在哪里？(zai na li)」の方がもっとナチュラルでしょう。

また、時間と場所の相談は、今まで学んだ「**～怎么样?**」「**～可以吗?**」も使えます。もしくは Step20 のように「**你知道（这家店）吗?**」（この店、知ってる？）で直接店の HP のリンクなどを投げてもいいでしょう。

予約が確定したら、次は A2 を使って「遅刻する」「忘れる」ことを防止してください。少しキツイ言い方に見えますが、実際の交際中にも使って大丈夫です。中国でも、仲がいいほど喧嘩したり、突っ込んだり、ちゃかしたりします。

前に書いたように、中国語を話すときは、「わがまま」な自分を演出した方が受けがいいです。

また、全く知らない人には本当にキツイ言い方が必要です。たとえば日本人がかなり迷惑に思う割り込み行為は「**不要插队**（ちゃどぅい）(cha dui)」で阻止しましょう。

おまけの一言！ → 对不起（どぅいぶぅちー）！ / 没关系（めぇいぐぁんしー）！

日本語の「大丈夫」は中国語で「**没问题**」「**没事**」「**没关系**（めぇいぐぁんしー）(mei guan xi)」とそれぞれ訳せます。しかし、使うシチュエーションはかなり違いますので、お気をつけください。

「明日納品できますか？」の「大丈夫」は「**没问题！**」

「具合でも悪いのですか？」の「大丈夫」は「**我没事！**」

そして、「すみません」「申し訳ありません」の「**对不起！**（どぅいぶぅちー）(dui bu qi)」に返す「大丈夫、気にしないで」は「**没关系**」を使います。または「**没事没事！**」でも大丈夫。

コミュニケーションのコツ：「没问题」を警戒しよう！

日本で買い物をするとき、よく「限定」や「完売」という表示を見かけます。しかし、これは中国の商売人から見ると、かなり非常識です。なぜなら、中国では、お客さんには「NO！」と言わないから。競争社会の心理で、チャンスをつかもうと必死です。「限定」といっても、限定とはいえないほどの量をストックするのでしょう。また、「完売」とあっても、いつ入荷するか、または代わりのものはどれかを提示します。とにかく「**没有**」を体験させないことです。これと同じく、中国人はビジネスの商談でも、やっぱり「どんな手を使ってもまず契約を取ろう」と必死です。少し中国人とお付き合いがあったら、きっとそう感じるでしょう。とにかく口癖のように「**没问题**」をたくさん言います。仕事でも、プライベートでも。

しかし、前にも話したように、そもそも「準備のプロ」である日本から見れば、全然大丈夫ではありません。むしろ、問題だらけです。中国語では「**有问题**」「**有很多问题**」になります。中国人は現場次第なので、「なんとかなる」「現場で一所懸命すればいいじゃないか」と考えている人が多いです。臨機応変はたしかに強みですが、準備不足ゆえに、日本側から見れば、「しなくてもいい」ミスや混乱などが起こりがちです。現場力は、勢いやモチベーションにも頼るため、もし気持ちの面をうまく管理できなければ、納期に遅れるなどのトラブルは相次ぐでしょう。だから、中国人の「**没问题**」にはくれぐれも気をつけましょう。

また、明らかに不利な条件を提示しても、やたら「没问题」で呑む人や会社も危険です。多くは途中から、条件を付けたり、元値（もしくはそれ以上）を取り戻すようなことをします。

そして、立場が逆になる場合も対策を講じなければいけません。とくに、こちらが提案する側になる場合は、最初から相手の条件を断らないように意識しましょう。たとえば、あなたが1万円の商品を売りたいところ、相手側の予算は5000円しかありません。それでも、「5000円でも大丈夫ですよ」と最初は相手の条件を呑んでみる必要があります。そして、後から「しかし、5000円にするなら、こうこうになりますが、それでも大丈夫ですか」などの条件交渉をしてください。重要なのはまずは、何かしらのつながりを作ることです。

もちろん、これはどうしても契約を取りたい場合の話です。それほど取りたくない案件では、率直に断っていいでしょう。たとえば、中国のタクシーの運転手は乗車拒否をかなり行います。目的地が近すぎる、または遠すぎるだけで断られることがよくあります。それは、中国のタクシー代が安いからだけではなく、タクシーの数が少なく供給が足りないからです。つまり、「他にも客はたくさんいる」という状態だからです。

また、運転手さんは自分一人だけで他人と関係がないため、自然と取捨選択をしてしまいます。

結局、何事も需要と供給をしっかり判断することからです。

記憶に定着させましょう！

❶ 例文を３回書き写す

❷ 動画を３回見る

❸ 例文を 10 回以上口に出して言う

❹ 中国人と実際に会話する　Ⅰ □　Ⅱ □　Ⅲ □

3章のまとめ
つながりを作ること！

3章のキーワードは「つながり」、つまり相手と何かしらの関連性を作ることです。そこで、中国人とのコミュニケーションの壁を一枚一枚剥がしていく必要があります。中国人のコミュニティーは卵にたとえることができます。1章の話しかけは、まず殻に付着していく段階。2章の深掘りで殻に少しずつ穴をあけ、中に浸透していきます。そして、3章のつながりを作ることは、卵白に実際に入る前、その直前の「卵殻膜」を通過することです。ゆで卵を剥くとき、たまにこの卵殻膜のせいで、ボロボロになってしまうように、このちょっとした層を突破できるかどうかが、うまく人間関係を築けるかを左右します。

卵黄は、血の繋がりを持つ親族のことです。それは生まれつきの繋がりで、他人は入れない領域。これがなぜ家族を盾にする言い訳が通用するかという理由です。一昔前までは「叔父叔母」などの生活も背負っていた人が多かったのですが、今は中国も核家族化してきたため、だんだん卵黄が縮んでいます。そして卵白は「親友」「友人」「知人」などその他、人脈と言える人々のこと。この卵で中国人の世界と世界観が成り立っているのです。ちょうど中国の創世物語の中でも、世界は「盤古」という神が、自分を育んだ「卵」を切り分けて作られたと言い伝えられています。卵を想像するように中国の「内」と「外」を考え、ビジネスパートナーになりたければ、まずは殻を破り、卵白に入る必要があります。これで晴れて中国人にとっての「相手」となれるのです。

- [ ] 相手と微信で友達になる。

- [ ] 相手と写真を撮り、写真の送り合いをする。

- [ ] 定期的に連絡を取る。

- [ ] さりげなく食事を共にする。

- [ ] 予定を入れて相手を誘う。

- [ ] 借りを作る / 恩を売る。

- [ ] 食事の約束を確定する。

食事の場を制覇する

アレルギーの確認をする

Q 食べられないものはありますか？

いぉう　じーこう　ま
有　忌口 吗?

有　忌口 嗎?
You　ji kou　ma

A1 海鮮アレルギーです。/ 海鮮は食べられないです。

うぉ　どぅい　はいしぇん　ぐぉみん　　うぉ　ぶー　のん　ちー はいしぇん
我（对）海鲜 过敏。/ 我　不（能）吃海鲜。

我（對）海鮮 過敏。/ 我　不（能）吃海鮮。
Wo　(dui)　hai xian guo min　　Wo　bu　(neng)　chi hai xian

A2 何でもいいです。/ あなたにお任せします。

うぉ　すぅいびぇん　　てぃんにぃ　だ
我　随 便！　/　听你的!

我　隨便!　/　聽你的!
Wo　sui bian　/　Ting ni de

単語

□**忌口**：食べない、または食べられないもの
□**海鮮过敏（海鮮過敏）**：海鮮アレルギー、その他「酒精过敏（jiu jing）」「花粉过敏（hua fen）」などのアレルギーもある
□**随便（隨便）**：なんでもいい、なんでも構わない
□**听（聽）**：（音楽など）を聞く。ちなみに、質問などは「问」を使う
□**肉**（rou）：肉
鸡肉（ji rou）：鶏肉　**猪肉**（zhu rou）：豚肉
牛肉（niu rou）：牛肉　**羊肉**（yang rou）：ラム

解説

Qはビジネスで会食をするときの心がけとして、最近の中国人も極力気をつけています。答えるとき、アレルギーがない方は「**没有没有**」「**我什么都吃**」（なんでも食べます）と言いましょう。アレルギーがある方はA1のどちらかで答えてください。

アレルギーなら「**过敏**」としっかり言えばいいですが、多民族国家の中国ゆえに、宗教などの関係で「**我不吃猪肉**」「**我不吃牛肉**」という人も多くいます。また最近はベジタリアンブームで「**我不吃肉，我吃素**（su）：精進料理・肉なしの料理」の人も出ています。元々中国の仏教徒は大乗仏教なので、肉が禁じられているということもあります。

A2は自分で内容が決められないときに使います。とくに出張などで中国に行くなら、現地の人に色々勧めてもらうといいでしょう。3文字だけですから、よく練習してください。「**我随便！**」の「**我**」を省略して言うときも多いです。

ちなみに、中国人は本当によくこの「**随便**」を使います。しかし、「**随便**」だからといって、適当にすることはできません。できるだけ店の目玉商品を頼み、そしてボリュームも多めに注文しましょう。ご存じの方も多いですが、中国のおもてなしの宴会では、わざわざ「余る」ほどの料理を注文します。最近は控え目になった傾向もありますが、昔は実際に食べる2、3倍の量を注文していたのに対し、いまでも1.5倍から1.2倍ぐらいは頼むという感覚です。日本人からすれば、普段の量より3割多めに注文しておくのが無難でしょう。

おまけの一言！→ 我什么都吃。(うぉしぇんまどぉちー)

「なんでも食べます」という意味。この一言は嫌いなものやアレルギーのない方が使えます。ポイントは「**都**(どぉ)(dou)」です。日本語では「〜でも」ともよく訳します。今回の「なんでも」だけではなく、「誰でも」「どこでも」「一人でも」などなどに使えます。実に日本語にそっくりな表現です。

「どこでも行く」なら「**哪里都去**」、「誰も知らない」なら「**谁**(しぇい)(shei)**都不知道**」また、「なんでもいい」「どうでもいい」は「**什么都好**」「**什么都可以**」、「**什么**」を省略して「**都好**」「**都可以**」もありです。

コミュニケーションのコツ：食事会は面接会

中国人の食事は面接の会です。じろじろ見ていなくても、細かく観察されいます。たとえば、注文一つでどんな性格かを探られるなど。面白いことに、中国人は実は外見にはあまり関心がありません。服装についてよく聞かれますが、服装とメイクは日本ほど厳しくないため、日本の常識的な服装で行けば、もう十分。つまり、外見より中身重視ということです。

では何が一番見られるかというと、人間にとって一番大事なものである「時間」と、その次に大切な「お金」です。だからこの2つがよく食卓で判断されます。となると、時間とお金に余裕がないと食事会は難しいです。Step9でも紹介したように、まずは相手のために贅沢に時間を使いましょう。その次はお金の使い方。相手にどんなふうにお金を使うのかも見られます。たとえば、お見合いの男女や、まだ付き合う前の男女が一緒に食事をするとき。女性が「**随便**」と言ったとたん、男の人が自分の好みにばかり走ったり、または大したものを注文していなかったりしたら、よほどのことがない限り、その後の関係は成立しないでしょう。反対に、見栄えがよいもの、高価なもの（もちろん量も多めに）を注文して、相手のメンツを立てれば、もしカップルになれなかったとしても、友達になりたいとは思われます。ちなみに食事中、相手の口から「**太多了**！（多すぎ）」「**不用了**！（もう結構！）」「**吃不了**！（食べきれないよ！）」「**太浪费了**！（もったいないよ！）」などの言葉が出ても、真に受けてはいけません。

口ではそう言っても、中国人には「少ないのはケチだ！　悪だ！　メンツが立たないんだ！」という血が流れています。だから、口で「**没事！没事！**（大丈夫！　大丈夫！）」と応じながら多く注文しましょう。

また今日の例文は「相手を思いやる」ことを見せる会話です。Step18の「**想吃什么**」から膨らませる感じで使ってください。余裕のある方は、店のことを褒めたり、または時間を作ってもらったことを感謝したりするのもいいでしょう。

じぇ じゃー でぃぇん　じぇん ぶーつぉ しゃーつ うぉ だい ぽんいぉう らい
这家店　真不错！下次我带朋友来！
いい店ですね。今度友達を連れてきます。

しぃぇしぃぇ にぃ ちょーこん ぺいうぉ
谢谢你抽空陪我。
時間を作って付き合ってくださって、ありがとう。

しかし、ここまで何回も書いたように、中国人は時間をかけて友達を作ることはありません。最初から、相手に気に入られ、「友達だ」と宣言されるか、または自分から「あなたとお友達だ」と宣言するしかないのです。上の例は日本式でいいですが、若干水臭いところもあります。あまり知らない相手や目上の人に使うのはいいですが、回数を重ねた方には、もう少し「おせっかい」で「なれなれしく」なった方がいいです。たとえば、「甘いのは苦手ですよね、これがいいですよ（**你不喜欢甜**（てぃぇん）(tian)**的吧，这个好！**）」のように、相手の事情を覚えて、自分から距離を縮めるように工夫しましょう。

記憶に定着させましょう！

❶ 例文を3回書き写す

❷ 動画を3回見る

❸ 例文を10回以上口に出して言う

❹ 中国人と実際に会話する Ⅰ  Ⅱ  Ⅲ 

お酒が飲めるか伝える

Q1 先に飲み物にしよう！　お酒は飲めますか？

しぇん　でぃぇん　はー だ ば　にぃほぃ はーじゅう ま
先　点　喝的吧 。 / 你会 喝酒吗?

先　點　喝的吧。 / 你會 喝酒嗎?

Xian　dian　he de ba　/ Ni　hui　he jiu ma

A1 もちろん。/ 少しだけ / 飲めないです。

だんらん　ほぃ いっ でぃぇん でぃぇん　うぉ ぶー ほぃ はーじゅう
当然！ / 会 一 点 点 。 / 我 不会 喝酒。

當然！ / 會 一 點點。 / 我 不会 喝酒。

Dang ran / Hui　yi　dian dian　/ Wo bu hui　he jiu

A2 飲めない人：アルコールアレルギーです。/ 今日は運転です。

うぉじゅうじんぐぉみん　うぉじん てぃぇん かいちゃ　ぶーのん は じゅう
我酒精过敏 / 我今 天 开车， 不能喝酒。

我酒精過敏 / 我今天開車， 不能喝酒。

Wo jiu jing guo min / Wo jin tian kai che　bu neng he jiu

単語

□**先**(しぇん)：先に、まずは～

フォーマルの時は「**首先**(しょうしぇん)(shou xian)」を使います。ちなみに、「まずは～、次は～、そして～、最後は～」のような物事の進み具合は中国語で「**先～，然后**(らんほぅ)(ran hou)**～，再～，最后**(ずぅいほう)**～**」で表現します。

□**点（點）**(でぃぇん)：注文する（動詞）

量詞としては「少し」で、時刻の単位としては「～時」になる。

□**喝的**(はーだ)：「飲み物」のカジュアルな言い方

同類に「**吃的**」（食べ物）があります。メニューに書く「飲み物」「ドリンク」は中国語で「**饮料**(いんりゃお)(yin liao)」と「**酒水**(じゅすぅい)(jiu shui)」があります。前者はジュースなどの「ソフトドリンク」を指すことが多く、後者は「**茶**(ちゃ)(cha)」「**水**(すぅい)(shui)」「**酒**」のことをカバーします。

□**当然（當然）**(だんらん)：もちろん

□**开车（開車）**(かいちゃ)：車を運転する

ちなみに、「**打车**(だーちゃ)(da che)」はタクシーを拾う、「**坐车**(ぞぉちゃ)(zuo che)」は車に乗る（「**坐**」は交通機関を使う意味がある）、「**骑车**(ちーちゃ)(qi che)」は自転車に乗ることを指します。

解説

Qの後半は、Step5の「**你会说汉语吗?** 」と同じ文型で回答も同じです。YESなら「**会一点点**」、NOなら「**我不会**」と答えましょう。これはお酒の会では避けられない質問です。お酒が大好きな人なら、「**当然!** 」を使い、また「**我非常喜欢喝酒**」などで強調してもいいでしょう。一方アレルギーや運転などの事情で「飲んではいけない」場合はA2の「**不能**」を使います。

中国語では「できる(できない)」について4種類の表現があります。英語の「can +V」に似たような単語として「**会**」「**能**」と「**可以**」(今までの例文で既出)だけでなく、日本語の「〜できる(できない)」「〜られる(られない)」のような表現もあります。Step12の「おまけの一言!」お金がないことで〜できない「**〜不起**」(反対は「**〜得起**」)がまさにこの系統です。表にしてその差を紹介します。

【可能表現】

簡体字	繁体字	発音	意味
会	会	ほぃ/hui	「学んだかどうか」「うまいかどうか」を強調する。たとえば、「会吃」はグルメの意味
能	能	のん/neng	「許されるかどうか」「大量にいけるかどうか」たとえば、「能吃」は大食い
可以	可以	かーい/ke yi	「許されるかどうか」相手の意見を尋ねるときよく使う、たとえば「我可以吃吗? 」
V+得了 V+不了	V+得了 V+不了	〜だりゃお/de liao 〜ぶりゃお/bu liao	日本語の「られる(られない)」のように、前の動詞に影響される
V+得+補語 V+不+補語			上と同じ系統ですが、補語によって表現が多くなる。例えば: 吃得完→食べ切れる 吃不完→食べ切れない

コミュニケーションのコツ：「とりあえずビール」はダメ？

日本では、飲食店に入ると習慣的にまず飲み物を注文しますが、中国では違います。飲食店の飲み物は割高になっているため、「ぼられる」という思いで、日本とは逆に、あまり注文したがらない傾向があります。街中の店ならまだ定価の倍ぐらいにおさまりますが、高級レストランや観光地に行くと、数倍になるのが普通です。だから、飲み物持参文化があります。ホームパーティーでなくても、お友達が集まって食事会をすれば、まずスーパーなどに飲み物を買いに行きます。一般の飲食店から高級レストランやホテルまで、事前に断ってから行けば、よほどのことがない限り飲み物持参は概ね許されます。

そもそも、中国では「飲食店とは料理を楽しむための場所であり、お酒などはただのオマケ！」という認識が主流です。だから、飲食店のドリンクメニューは日本ほど豊富ではないし、(コカコーラとオレンジジュースしかない場所が多く、冷たいウーロン茶などは基本ありません！）ストック自体、少ないことがよくあります。1回で数箱のお酒を消費していくお客に対応するため、近くのスーパーと提携してデリバリーを頼む店まであるのです。こうした理由もあり、客が自分で飲み物をまかなうのがありがたく思われることが多いほど。余談ですが、高価なお酒は店員に目の前で開けてもらいます。一昔前は 、お酒を変えて（お酒を一部ネコババして、水で増すとか）しまうような悪徳業者もいたからです。

とはいえ近年になって、欧米の「**酒吧** (jiu ba)」（バー）や日本の「**居酒屋** (ju jiu wu)」などが流行り、店のお酒を注文するのも普通になっています。富裕層では、ワイン工房のような「**酒庄** (jiu zhuang)」に投資するのもブームの一つです。自分の**酒庄**で、高価なお酒をふるまい、接待する人もいます。それでも、喫茶店以外、中国人が最初に投げかける質問はやはり「**要吃什么**」の方が多いです。

今日のＱの前半は、大抵日本の方が口にします。しかし、日本に馴染んでいない中国人は、大抵お茶で済ませるでしょう。お冷の代わりにお茶が出る店なら、それだけで済ませる人もいます。わざわざお金をかけて食事中に「冷たい」飲み物（体に悪いと思われている）を注文する人が少ないからです。もちろん、これは全部「お酒を飲まなくていいという場」に限っています。お酒を飲まないといけない場なら、状況は全く違います。

おまけの一言！ → 服务员！ 我要一杯啤酒。

さて、日本人はビール好きが多いから、「**服务员！ 我要一杯啤酒**」（店員さん！　ビール！）はぜひ覚えましょう。「**服务员**」は日本語の「すみません」代わりに使ってください。その他のお酒の中国語も紹介しましょう。

赤ワイン　：**红酒** (hong jiu)、ちなみに白ワインは「**白葡萄酒** (bai pu tao jiu)」
中国の焼酎：**白酒** (bai jiu)　紹興酒：**黄酒** (huang jiu)
果実酒　：**果酒** (guo jiu)　梅酒：**梅子酒** (mei zi jiu)
カクテル　：**鸡尾酒** (ji wei jiu)、などなど。

記憶に定着させましょう！

❶ 例文を３回書き写す

❷ 動画を３回見る

❸ 例文を 10 回以上口に出して言う

❹ 中国人と実際に会話する　Ⅰ □　Ⅱ □　Ⅲ □

お酒の闘いを制する

Q お酒を進める時の言葉

うぉ じんにぃ いぃぺい がん
我 敬你 一杯! / 干!

我 敬你 一杯! / 乾!

Wo jing ni yi bei / gan !

A1 飲み干すのを止めるための言葉

ぶーやおぶーやお いぃすいぃす じゅうはぉ
不要不要, 意思意思(就好)!

不要不要, 意思意思(就好)!

Bu yao bu yao Yi si yi si jiu hao

A2 弱音を吐く言葉

うぉ は たいどぅお ら うぉ はー ずぅい ら うぉぶーしん ら
我喝太多了! / 我(喝)醉了! / 我不行了!

我喝太多了! / 我(喝)醉了! / 我不行了!

Wo he tai duo le / Wo (he) zui le /wo bu xing le

単語

□**敬**：敬意を払う

主にお酒に勧めるときに使います。ちなみに「**尊敬**(zun jing)」の使い方は日本語とほぼ一緒です。

□**干（乾）**：残らず、干す

□**醉**：酔う。二日酔いは「**宿醉**(su zui)」

□**不行**：ダメ、無理など、主に限界の時に使う

「行」は日本語の「いける」に「大丈夫」という意味があるのと同じで、中国でも「OK」「大丈夫」「いける」の意味があります。「不行」は「行けない」なので「ダメ」などの意味になりました。

解説

A1は中国のお酒を勧めるときの代表的な言葉です。お酒を勧める行為は「**敬酒**(jing jiu)」と言い、本来は相手に対する「敬意」や「歓迎」を表すためのもの。勧めるときは、一言（祝福・歓迎・感謝などの理由）を言ってから、「**我敬你一杯！**」か「**我敬大家一杯！**」と言い、まず自分から飲むのが通例です。後半の「**干（乾）**」は日本でもよく言う「乾杯」（中国語で「**干杯**(gan bei)」）。文字どおり、本当は飲み干さなければいけないのです。とくに、1文字で「**干！**」（飲み干すぞ！）、または「**干了！**(gan le)」（飲み干してしまえ！）は、お酒を強く勧める言葉となります。相手に無理強いしたくないときは、「**我干了，你随意！**(ni sui yi)」（私は飲み干すが、そっちはお任せします）と言う人もいます。飲み干すのを止めるには、A1を使ってください。

A1の「**不要**」を繰り返すことで、「とんでもないです」の意味となります。また「**意思意思**」は「お気持ちだけで」「ちょっとだけで」(「**就好**」は「それだけでいい」という意味で、省略しても大丈夫)に近い意味です。

A2はもうこれ以上を飲めないというときに使えます。3パターン紹介しましたが、一番使い勝手がいい文を選び、それっぽく演技しながら言ってください。また、Step23の「アレルギー」や「運転」などを言い訳にするのもいい手です。「**喝太多了！**」(飲みすぎた)、「**我喝醉了！**」(すでに酔った)以外にも、「**不能再喝了！**」(これ以上飲めない)、「**明天还有工作！**」(自分には明日仕事がある)などなど、飲み会での自分の口癖を思い出してアレンジしましょう。

ちなみに中国語で「飲み会」は2種類あります。ネガティブな「**应酬**(いんちょう)/**應酬**(ying chou)」とポジティブな「**聚会**(じゅほぃ)/**聚會**(ju hui)」「**聚餐**(じゅつぁん)(ju can)」(「**聚会**」は「**聚餐**」より規模が大きく「パーティー」とも訳せます)の2つです。とくに「**应酬**」と聞くと、基本的に飲まざるを得なくなります。

おまけの一言！→ 不给我面子吗?(ぶぅげぇいうぉみぃえんずー ま)

日本語で言う、「俺の酒が飲めないのか！？」という意味。「**面子**」は中国語で「みぃえん・ずー」と発音します。「**有面子**」で形容詞になり「光栄な」「名誉な」の意味です。反対の「不名誉な」は「**没面子**」になります。

コミュニケーションのコツ：メンツ

中国人のメンツについてもう何度も触れましたが、正面から扱うのは初めてですね。中国での「**面子**（メンツ）」は、「見栄」「体裁」「プライド」など全般に関わります。

一般的に自己中と思われている中国人ですが、実は日本人以上に「他人の目線」を気にしています。ただ、フォーカスしている内容と対象がだいぶ違うため、誤解されやすいのです。

まず、「**面子**」が効く領域はその人の「**圏子**」（コミュニティー）か、「**圏子**」の延長線上にある紹介などの関係に限ります。次に、「**面子**」が効く内容です。簡単に言うと、「お金」と「権力」です。たとえば、「マナー」は一昔前「お金」とつながらなかったため、だいぶ蔑ろにされてきました。近年はバッシングが多く、また「教育・教養（お金がかかる）」につながるようになったため、中国人もかなり気にする傾向となりました。

ちなみに、お金をばら撒いて稼いだ「**面子**」より、一番甘い蜜となるのは「特権」が効くことです。中国人は特別に扱われるのが大好き。逆に、いくら接客態度がよい店でも、「規定です」「ルールです」と言われたら一瞬で不快に思います。日本人はルールに従うことに慣れていますし、また相手に無理を頼むのもあまり好きではありませんが、中国人は自分の力、あるいは自分に力がない場合は「**圏子**」の権力者に頼んで、ルールを変えてもらうことが体に染みついています。お酒の席でも同じです。いくら相手が「お酒を飲めないです」と言っても、自分の特権をふりかざし「**不给我面子吗?**」と言います。

友達同士の冗談ならまだいいですが、力関係がある仲では、この一言が「この酒も飲めないなら、君の頼みは一切呑まないぞ」のような脅しにもなります。

「そんな人に頼まなければいいじゃん！」と思う方もいますが、中国は特権社会ゆえに、なんのコネもない人が生活するのはとても窮屈な場所です。たとえば、米大統領のトランプ氏が日本を訪問したとき、安倍首相が鉄板焼き店に招待しました。その店は一般の日本人から見れば、少し高めですが、どうしても行きたいと思えば、行けないほどのお店ではありません。しかし、中国には、幹部・上級会員などでないと入れないような規制がある店が普通にあります。たとえ一般人が入れる店でも、大統領や首相が利用した席は展示用にガードされるでしょう。しかし、ガードが厳しくても、コネがあれば、お店で破格なサービスを受けられるのです。これが「特権」の醍醐味です。

特権は中国のあらゆる面で見受けられます。日常の買い物、施設の利用、子供の入学・入社などなど、すべてに関わっています。だから、「**不给我面子吗?** 」と言われたとき、

「**怎么会**(ぜんまほぃ)**! 你的酒**(にぃだじゅ)**, 当然**(だんらん)　**喝了**(はーら)**! 干**(がん)**!** 」(とんでもない、もちろん飲みます！　乾杯！）と言いましょう。

しかし、ある１人から勧められたお酒を飲んだら、次々と飲まなくてはならない恐れもあります。「彼のお酒は飲めるのに、私のはダメなの？」という反感を買う恐れがあるためです。最初から「お酒が飲めない人である」ことを徹底的に貫くか、もしくは、覚悟して、酔うまで飲みましょう。

記憶に定着させましょう！

❶ 例文を3回書き写す

❷ 動画を3回見る

❸ 例文を10回以上口に出して言う

❹ 中国人と実際に会話する　Ⅰ □　Ⅱ □　Ⅲ □

健康について話す

（もう飲まないで、）お酒は体（肝臓）に悪いよ！

びぃえ は ー ら　はーじゅうしゃんしぇん　がん
（别喝了，）喝酒 伤身（肝）。

（別喝了，）喝酒傷身（肝）。

（Bie he le ）He jiu Shang shen（gan）

Q タバコを吸いますか？／やめました。

にぃ　ちょういぇん　ま　うぉ　じぇーいぇん　ら
你 抽烟 吗？/我 戒烟 了。

你 抽菸 嗎？/我 戒菸 了。

Ni Chou yan ma ／Wo Jie yan le

A2 これは体にいいんです。

ちょういぇん　どぅいしぇんてぃ　ぶーはぉ
抽烟 对身体 不好！

抽烟 對身體 不好！

Chou yan dui Shen ti bu hao

単語

□別（びぃえ）：～しないでください

Step21の「不要」をご参照ください。

□伤身（しゃんしぇん）：体を痛める、体に悪い

肝臓を傷めるのは「伤肝」。

体に関係する一連の単語を紹介します。

体：「身体（しぇんてぃ）(shen ti)」

体を保養する：「养身（やん しぇん）(yang shen)」

体を鍛える：「健身（じぇん しぇん）(jian shen)」

お大事に：「保重身体！（ばぅ じょん しぇん てぃ）(bao zhong shen ti)」

□抽烟（抽菸）：タバコを吸う。「吸烟（しー いぇん）(xi yan)」とも言う。

タバコは「烟（いぇん）(yan)」「香烟（しゃん いぇん）(xiang yan)」

解説

A1の「伤身」の他、会話で最も頻繁に使うのが、A2の「～対身体不好」の方です。「身体」の部分は「眼睛（いぇんじん）(yan jing)」「心脏（しんざん）(xin zang)」「肝（がん）(gan)」「肺（ふぇい）(fei)」「血管（しゅぇぐぁん）(xue guan)」など他の臓器に代えても大丈夫。反対に体にいいことは「対身体好」となります。中国人がものを食べるときまっ先に考えるのは、味ではなく「体に何がいいか」です。

Qは喫煙者のセリフです。吸わない方は「你抽烟吗？」と聞かれたら、「我不抽（烟）」と返事をすればいいです。吸う方なら「谢谢」と言い、相手から一本もらいましょう。

喫煙者は喫煙室で、隣の人に話しかけるのもチャンスです。

火をネタにする「**有火**(huo) **吗?**」「**借个火**(jie ge huo) **可以吗?**」か、またはタバコが切れたときの「**有烟吗?**」「**借根烟**(jie gen yan) **可以吗?**」にトライするのもいいでしょう。また、タバコを吸ってもいいかどうかの確認として「(店の人に) **这里可以抽烟吗?**」「(同席の人に) **介意吗?** (jie yi ma)」なども口癖にしましょう。

また、タバコをやめた人は「**我戒烟了**」と言ってください。自分の事情に合わせて例文をチョイスしましょう。

おまけの一言! → 上火!

中国人の日常では、「**体調**」をネタにする会話が多いです。

その代表的な一言は「**上火**(shang huo)」です。

どんな症状かというと、「ニキビ」「口内炎」「便秘」など日常的な不調のことを指しています。理由も大抵「忙しい」「休んでない」など生活リズムの問題です。たとえば、下の例。

A:**最近 工作 太忙, 有 点 上 火了!**

B:**喝点 凉茶, 降 降 火!**

ご覧のように、「上火」の反対は「**降火**(jiang huo)」です。対策としては「**凉茶**(liang cha)」と呼ばれる清涼飲料水を飲むことです。代表的な銘柄は缶ジュースの「**王老吉**(wang lao ji)」と「**加 多 宝**(jia duo bao)」。銘柄で直接注文することができます。日本人が飲食店で「ウーロン茶」を注文するのと同じように、中国人に多く飲まれています。広東省などに行けば、涼茶専門のスタンドショップもあります。

コミュニケーションのコツ：中国人の健康意識

2018年の年初、コカコーラの中国での売り上げが思わしくないという記事がネットで話題になりました。多くの中国ネットユーザーが「そうだよね」と納得しています。「手羽先のコーラ煮込み以外、用がないからな」「90年代生まれの人も保温カップを使って枸杞（クコ）入りのお茶を飲みはじめているのに、そんな不健康なもの、誰が飲むか」などのコメントがネットで目立ちます。

・手羽先のコーラ煮込み：若い人の間で大人気のレシピ
　可乐鸡翅（かーらーじーちぃ）(ke le ji chi)

・90年代生まれ：**90后**（じゅーりんほぉ）(jiu ling hou)

類推に、60后、70后、80后、00后、10后などがあります。

・枸杞子：枸杞（ごぅちー）(gou qi) すべての病症に対応する万能薬膳と思われている。菊の花、**菊花**（じゅほぁー）(ju hua) と配合し、肝虚や視力低下、眼精疲労に使用する（**枸杞菊花茶**）など。

90年代生まれの人は、2018年では、まだ19歳～28歳の若者のはずですが、それでも、もう十分健康を気にしています。いつも枸杞入りのお茶を飲むどころか、飲み会のお酒にも枸杞を入れる人までいます。前に触れたように、どうしてもお酒を飲まなければいけない場面を除き、中国人はお茶を愛飲しています。体を温めるとデトックスになるためです。日頃から健康意識が非常に高いのです。

そして、その基本は大抵「食」から。冷たい飲み物やコーラなどの炭酸飲料を避け、温かいお茶を選ぶのはまだ序の口にすぎません。ちなみに、中国のお茶の種類は「**绿茶**」「**红茶**」「**白茶**」「**黄茶**」「**黑茶**」「**乌龙茶**」「**花茶**」などたくさんあります。「**花茶**」は花の品種で注文することになりますが、他のお茶は大抵銘柄で注文します。興味のある方は中国の検索エンジン「**百度**（ばいどぅ）」で「中国十大名茶」と検索するのもいいでしょう。

お茶の次は、サプリメントの「**保健品**（ばぉじぇんぴん）(bao jian ping)」や韓国の参鶏湯（中国語で「**参鸡汤**（しぇんじーたん）(shen ji tang)」、鶏以外、いろんな「**～汤**」があります）のような「**补品**（ぶぅぴん）(bu ping)」（滋養食品）を飲むことです。中国の主婦が料理を習うなら、まず薬膳スープを作る「**煲汤**（ばぉたん）(bao tang)」ことからです。また、日本に観光に来る中国人が高額なサプリメントを爆買いするニュースもしばしば耳にすると思います。

近年では食品安全問題でますます健康意識が高くなり、先進国への人間ドック「**癌症筛查体检**（あいじぇんしゃいちゃーてぃじぇん）(ai zheng shai cha ti jian)」やオーガニック農園・山荘投資などが富裕層の間でブームになっています。若い人はそういう投資はできないのですが、サラダ（アボカド入りのオーガニックサラダなど）を食べ、ジムに通う写真をSNSにアップするのがステータスになっている傾向があります。

- アボカドサラダ：**牛油果沙拉**（にゅういぉうぐぉさーらー）(niu you guo sha la)
- ジム：**健身房**（じぇんしぇんふぁん）(jian shen fang)
- ダイエット：**减肥**（じぇんふぇい）(jian fei)

各階層で各々健康の話題があるので、ぜひ観察してみてください。

記憶に定着させましょう！

❶ 例文を３回書き写す

❷ 動画を３回見る

❸ 例文を 10 回以上口に出して言う

❹ 中国人と実際に会話する　Ⅰ  Ⅱ  Ⅲ 

STEP 26 日本について紹介する

Q1 日本の～はどうですか？　非常に良いと聞いていますが。

りー べん だ　ぜん ま やん　てぃん しょー　ふぇい ちゃんはぉ
日本的～ 怎么样?　听说　非 常 好。

日本的～ 怎麼樣?　聽説　非常好。

Ri ben de ～　Zen me yang　Ting shuo　Fei chang hao

Q2 日本人は晩婚ですか？　結婚のとき家を買わないのですか？

りーべんじぇーふん　はん わん ま　じぇーふん　ぶーまいふぁん ま
日本结婚 很晚吗?　结婚　不买房吗?

日本結婚 很晚嗎?　結婚　不買房嗎?

Ri ben Jie hun　hen wan ma　Jie hun　bu mai fang ma

Q3 日本の不動産は中国より高いですか？

りーべん　だ　ふぁんじゃー　びー　じょんぐぉ　ぐぅい ま
日本 的 房 价　比 中国　贵吗?

日本 的 房價　比 中國　貴嗎?

Ri ben　de Fang jia　bi Zhong guo　gui ma

単語

□**听说（てぃんしょー）（聽説）**：噂によると

□**房子（ふぁんず）**：不動産

略して「**房**」だけで言うことも多い。「**家**（じゃー）(jia)」なら家族も含まれています。

不動産に関係する一連の単語を紹介します。

买房：不動産を買う

房价：不動産価格

炒房（ちゃおふぁん）：(chao fang) 転売目当ての不動産売買

租房（ずぅ ふぁん）：(zu fang) 家を借りる

房租（ふぁんずぅ）：(fang zu fang) 家賃

新房（しんふぁん）/ 婚房（ふんふぁん）：(xin・hun fang) 結婚目的に購入する不動産

学区房（しゅえ ちゅふぁん）：(xue qu fang) 就学目的に購入する不動産

二手房（あーしょふぁん）：(er shou fang) 新築でない不動産

今の中国は昔の日本の不動産バブルと同じだとよく言われていますが、国柄が全く違います。中国には「**新房 / 婚房**」と「**学区房**」という生活必然品があるゆえ、都市部の不動産バブルはまだまだ継続するでしょう。中国人の一大関心事なので、会話が弾むと、必ずどこかで不動産のことが出てきます。また、それと近い感覚で、車の話も出るでしょう。

□**车子（ちゃーず）**：(che zi) 車、略して「车」だけでも言う。

新车（しんちゃー）：(xin che) 新車　**车牌号（ちゃーぱいはぉ）**：(che pai hao) ナンバー

二手车（あーしょ ちゃー）：(er shou che) 中古車　**停车场（てぃんちゃーちゃん）**：(ting che chang) 駐車場

解説

今回の3つの質問は全部中国人が日本人に聞きたがる質問です。だから、あなたが話せるようになるべきは、次のStep27で紹介する「意見」の言い方です。また、この「日本」を「中国」に置き換えて質問できれば、さらに会話が弾みます。もちろん、内容も中国人向けに変える必要があります。例えば、2文目の「**晩**」を「**早**(zao)」に、「**不买房**」を「**都买房**(dou mai fang)」に変えるだけで中国人に聞く質問らしくなります。

Q1の意見はStep10、Q3の比較はStep13を参照ください。

おまけの一言！→ 有格调！ (you ge diao)

10年前、中国の第一級の都市に「**小资**(xiao zi)」と呼ばれる層が現れました。簡単に言うと、ブルジョアです。代表的な行動は、スターバックス「**星巴克**(xing ba ke)」でApple製品「**苹果**(ping guo)」を使い、村上春樹「**村上春树**(chun shang cun shu)」を読むことです。そして10年が過ぎ、今は日本旅行・日本料理・日本化粧品が豊かさの象徴となりました。小説も、東野圭吾や太宰治がメジャーになっています。このような余裕がある層は、今「**小资**」より「**有格调!**」と言われます。「品があるリッチ」というニュアンスです。店や人を褒めるには大変使いやすい言葉です。そして、そのブルジョアを否定的に思う人は「**格调**」のことを「**逼格**(bi ge)」と言い、メンツのための無理な背伸び「**装逼**(zhuang bi)」として馬鹿にしています。

コミュニケーションのコツ：中国人の関心事

食卓を囲むレベルに入ると、日常よりディープな会話をしなければいけません。Step25の「健康（じぇんかん）(jian kang)」についての話題のほか、中国人の関心事は押さえておきましょう。

前に触れたように、中国人は公（国家の大事）より、プライベートの話題に関心があります。中国語で言えば、全て生活「过日子（ぐぉりーず）(guo ri zi)」のためです。それを大きく分けると以下の5つの分野となります。

①お金を稼ぐ：「**赚钱**（ずぅあんちぇん）(zhuan qian)」

生活の基本はお金ゆえ、お金に関する話題が一番にきます。「仕事（給料とボーナス）」「投資」と「起業」という三本柱で考えましょう。このStep26で覚えた「**房子**（不動産）」は、結婚面・生活面だけではなく、投資面までカバーしているため、最初の段階から話題としての出番が多いです。

②家族：「**家人**（じゃーれん）(jia ren)」

こちらも「親」「パートナー」「子供」、そして「ペット」も含む四本柱で考えていきましょう。とくに、前の3つに対し、中国人は日本人とかなり違う感覚を持っているため、Step11を参考にしながら、深く掘り下げていきましょう。

家族のことですから、健康問題とも関わります。それぞれの世代の健康テーマがありますので、あわせて聞きましょう。また、子供の教育問題なども大人気の話題です。

③コミュニティー：「**圏子**（ちゅぁんずー）(quan zi)」

コミュニティーというより「コネ」です。誰を知っているか、誰を紹介してもらうかはビジネス世界では話題が尽きません。

④ライフスタイル：「生活品质（sheng huo pin zhi）」

中国人は衣食住で生活の質を高めようという思考が強いです。そんな中、日本のライフスタイルが手短に学べるモデルの1つになっています。今の日本のライフスタイルは「高品質」「控えめな贅沢」「手頃」というイメージ。日本旅行がブームになるのもそうした背景からです。日本人だから、そういう面の質問をたくさんされると思います。中国人で日本に行った、住んだ経験がある人は、日本人のあなたよりも「自慢げ」に物申すと思います。

⑤時事ネタ

あなたが駐在員であれば、共産党の「19大（中国共産党第十九次全国代表大会）」などのキーワードを知ることが必要になってきます。そうでない初心者の場合、国と重要な政治家の名前ぐらい覚えれば十分です。

この5つが中国人と話す主な話題です。たとえばQ1は④、Q2は②、Q3は①に関わってきます。とはいえ、いきなりのヒアリングは難しいので、最初はキーワードをネットで調べて勉強しつつ、食卓でそのキーワードをいくつか口に出してみてください。その次は5つのテーマについて、自分の意見をシンプルに言い切ることも重要です（Step27で紹介）。とくに、ビジネスパートナーになる人は基本、中国のピラミッドの中層以上に位置する人です。競争を勝ち抜いた人がほとんどで、人を見る目もシビアになってきます。だから、しっかり自分の意見を伝えることが重要です。

記憶に定着させましょう！

❶ 例文を３回書き写す

❷ 動画を３回見る

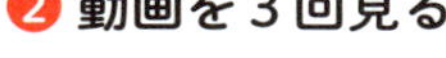

❸ 例文を 10 回以上口に出して言う

❹ 中国人と実際に会話する　Ⅰ  Ⅱ  Ⅲ □

自分の意見を言う

A1 （だけど、農村なら）同じだと思いますよ。

うぉじゅぇだ　ちゃぶーどぉ　　だんしー　　のんつぅんだほぁ　いんがい　ちゃぶーどぉ
我觉得 差不多。/ 但是，农村的话 应该 差不多。

我覺得 差不多。/ 但是，農村的話 應該 差不多。

Wo jue de　cha bu duo　/ Dan shi　nong cun de hua　ying gai　cha bu duo

A2 そうですね。日本の若い人は貧乏だからかな。

しーだ　かーのん　いんうぇい　りーべん　だ　にぇんちんれん　めぇいいぉうちぇん
是的。可能 因为 日本的年轻人 没有钱。

是的。可能 因為 日本的年輕人 沒有錢。

Shi de　ke neng　yin wei　ri ben de nian qing ren mei you qian

A3 たとえ40歳でも、まだ結婚していないよ。

じーしー　すーしー　すぅいら　　どぉはいめぇいじぇふん
即使 40 岁了，都还没结婚。

即使 40 歲了，都还沒結婚。

Ji　shi　si shi sui le　dou hai mei jie hun

単語

□觉得（覺得）：～と思う

Step10もご参照ください。日本語では「～と思う」「～と考えている」「～と願っている」などの表現は、文の最後に来ますが、中国語では英語と同じく文頭に置きます。常用表現を以下の表で確認してください。

簡体字	繁体字	発音	意味
觉得	覺得	じゅぇだ／jue de	(個人の感覚では)～と思う
想	想	しゃん／xiang	(個人の考えでは)～と思う
看	看	かん／kan	(個人の見方では)～と思う
认为	認為	れんうぇい／ren wei	(個人の意見として)～と強く思う
以为	以為	いーうぇい／yi wei	～と思い込んでいた
希望	希望	しーうぁん／xi wang	～と期待している
祝愿	祝願	じゅゆぁん／zhu yuan	～と願っている(「祝」1文字でも可)

□但是：でも、しかし

英語の「but」に当たります。似た表現は、「可是 (ke shi/ke shi)」と「不过 (bu guo)」。文頭によく「虽然 (sui ran)」を付けて強調しますが、なくても大丈夫です。

□农村（農村）：農村、田舎

反対は都市の「城市 (cheng shi)」。北京・上海・広州・深センは都市の中でも第一級の都市であり「大城市 (da cheng shi)」や「一线城市 (yi xian cheng shi)」と呼ばれます。その他の有名都市は規模と経済力などによって「二线 (er xian)」「三线 (san xian)」のように番付けされます。

単語と解説

□～的话（だほぁ）：日本語の「～なら」に当たる。日本語の「もし」に当たる「如果（るぅぐぉ）(ru guo)」とよくあわせて使われる。それぞれ単独の使用も可。

□可能（かーのん）：多分、～かもしれません。英語の「maybe」に近い。似たような表現は他にも「也许（いぇーしゅ）(ye xu)」「大概（だーがい）(da gai)」「应该（いんがい）(ying gai)」など。

□因为（いんうぇい）：英語の「because」、日本語では「だから」ではなく「なぜなら」と訳す。後ろに「事情の理由」が付く。(「だから」は「所以（すぉいー）(suo yi)」を使うべき。後ろに「事情の結論・結果」を置くから。)

□即使（じーしー）：たとえ～としても。似たような表現は「就算（じゅうすぅぁん）(jiu suan)」がある。「就算」の方が口語的で生活感がある。

実はここまでのStepで私たちは、中国語の基礎文法をすでに一通り学びました。ただし、本書の前半で紹介した文法はあくまでも「単文」の話です。今回の例文に出た因果関係の「**因为**」、逆接関係の「**但是**」などは、単文と単文を繋げる「接続詞」。他にも複雑な表現はたくさんありますが、中国留学経験者によると「そんな難しい表現、ネイティブは全然使いませんでした」。だから、初心者は無理をして覚える必要はありません。

たとえば、「もし明日雨だったら、私はいかないです」は、わざわざ回りくどい「**如果明天下雨的话，我就不去了**」ではなく「**明天下雨，我不去！**」で十分通じます。「たとえ50歳でも、結婚しません！」も「**就算我50岁，我也不结婚**」ではなく、「**50也不结婚！**」でいいです。

このように、初級の方にとっては、まず短い単文を話せるようになるのが課題です。文が長くなれば、色々考えてしまい、結局何も話せなくなる可能性が高いからです。脂肪のダイエットより、まずやたら修飾的で技巧的な言葉の贅肉を減らして行きましょう。だから、今回紹介した「接続詞」も4文字以内のフレーズにして覚えるか、または知識レベル（話せないけど、読めるレベル）で覚えておけば大丈夫です。

おまけの一言！ → 你怎么看？(にぃぜん ま かん)

人に意見を求めるには、「**你觉得,**」「**你看,**」「**你说,**」以外に「**你看**」の間に「どう」という意味の「**怎么**」を入れることで、「どう思います？」「あなたの意見は？」となります。これは雑談ではなく、仕事などでちゃんと相手の意見をうかがうときによく使う表現です。

そのとき、「**我看**」「**我觉得**」「**我认为**」の3段階でだんだん自分の意見をしっかり言えるように練習しましょう。カジュアルなら「我看」、強調したければ「**我认为**」、展望なら「**我希望**」など、自分の意見をシンプルにズバッと言えるようにしてください。

コミュニケーションのコツ：クッション言葉を使う

日本語の会話では「相槌」が多いですが、中国語の会話では「そうですか（**是吗?**）」「そうなんです（**是的!**）」などの相槌より、言葉を割り込ませ、話題を提起するようなクッション言葉の方が重要です。

話題提起としては、以前紹介した「**你知道吗?**」が代表的です。よく、「**对了! 你知道吗?**（そういえば)」のセットで使われています。

今回は話に割り込むクッション言葉を紹介します。

「**我觉得吧,**（私が思うには……)」
「**我看吧,**（私から見れば……)」
「**我说,**（私から言えば……)」
などです。

意訳すると難しくなりますが、全部「あのね」と訳しても構いません。

そのとき、「これは……」「あれは……」に当たる「**这个……**」と「**那个……**」も合わせられれば、よりナチュラルな表現となります。その後ろに「SVO」で簡潔に意見と質問を言ってください。これらは全て、長い文を短くして、通じやすくするための戦略です。

相手の意見を求めるときは以下のように「**吧**」を省略して、「**我**」を「**你**」に置き換えてください。
「**你觉得,**（あなたが思うには……)」「**你看,**（あなたから見ればば… …)」「**你说,**（あなたから見れば……)」となります。

記憶に定着させましょう！

❶ 例文を3回書き写す

❷ 動画を3回見る

❸ 例文を10回以上口に出して言う

❹ 中国人と実際に会話する　Ⅰ  Ⅱ  Ⅲ 

STEP 28

お開きにする

A1 そろそろお開きにしましょうか。

ち ー だ ちゃーぶぅ ど ぉ ら　うぉめんでぇいほいちゅ ら

吃得差不多了，我们得回去了。

吃得差不多了，我們得回去了。

Chi de cha bu duo le,　wo men dei hui qu le

A2 今回はご馳走さまでした。今度は奢らせて！

じゃつー らんにぃ　ぽーふぇいら　しゃつーいぃでぃん らんうぉちんにぃ

这次 让你　破费了！　下次一定 让我请你！

這次 讓你　破費了！　下次一定 讓我請你！

Zhe ci rang ni　po fei le　xia ci yi ding　rang wo qing ni

A3 見送りは大丈夫です。また日本で会いましょうね。

びぃえ そ ん ら　うぉめんりーべんじぇん

别 送了，我们日本 见！

别送了，我們日本見！

Bie song le　wo men ri ben jian

単語

□得（だ）：動詞の後ろなら「だ /de」と発音し、以下のように使う

V ＋得＋（動作が発生した結果やレベルなどの修飾語）

動詞と動詞に対する結果報告などの修飾語を繋げる助詞的（潤滑剤的）な役割を果たします。しかし、動詞の前に置けば、今度は「でぇい /dei」と発音し、「must」「〜しなければいけない」という意味の助動詞になります。また純粋な動詞として、「得到（だだう）(de dao)」のように「得る」の意味にもなります。

□回（ほい）：帰る

「回家」は家に帰る、「回国」は帰国、「回公司」は会社に戻る。万能に使える「ここを去って帰る」は「回去」。逆に、ここに帰ってきたは「回来」。日本語の「ただいま」と「おかえり」は中国語で言うと以下のようになります。

A：我回来了！　　B：你回来啦！

(「啦」は口を大きく開いて「らー」と発音します。歓迎の感情を強めます。)

□这次（じゃつー）（這次），下次（しゃつー）：今回、次回（Step3 をご参照ください）

□让你（らんにぃ）（讓你），让我（らんうぉ）（讓我）：あなたに〜してもらう。わたしに〜させてください（Step20 をご参照ください）

□破费（ぽーふぇい）：お金を出すこと。基本的に「他人が自分のためにお金を使うこと」を指す謙譲語

□一定（いぃでぃん）：必ず、絶対に

解説

A1は、前半の「よく食べた」という報告と後半の「帰らなきゃ」という事情説明で構成されています。「**差不多**」が難しいと思う場合は「**吃得非常饱！**」「**吃得太饱了**」などのように、お腹いっぱいの「**饱**(bao)」を使うのもいいでしょう。

後半も「**得**」でなくお馴染みの「**要**」を使うことができます。1文にしてもいいのですが、真ん中に「**太谢谢了！**」など感謝の言葉を入れて、3文に区切ってもOKです。

A2の前半は「**谢谢你们的招待**」(ご招待ありがとうございます)と言う人も多いですが、3章でも強調したように、ただ礼儀正しく終わらせるのではなく、次回につなげることが重要です。答えるときは「ぜひぜひ」の「**好的好的**」「**一定一定！**」か、「大丈夫」の「**不用不用**」「**没事没事**」を使ってください。

A3の前半は見送りのときによく使う1文です。もっとビジネス的な表現は「**留步**(liu bu)」。2回繰り返すか、「**请**」を前につけるか、どちらでも大丈夫。ただし、言葉が丁寧すぎるので、少し水臭いという感じがあります。例文の「**别送了**」の方がフランクな表現でオススメです。「**别送了，留步留步！**」もありです。

後半は別れを告げる言葉ですが、通常のテキストでよく見る「**再见**(zai jian)」は使わない方がいいです。なぜなら「**再见**」は「さらば」というニュアンスがあるから。だから、今後も関係を続ける人には「**日本见**」のように次に会う場所、もしくは「**明天见**」のように、次に会う時間を言いましょう。

たとえば、以下のフレーズがよく使われます。

また後で：回头见（hui tou jian）/ 待会见（dai hui jian）

また明日：明天见（ming tian jian）

また今度：下次见（xia ci jian）

また来週：下星期见（xia qing qi jian）もちろん、仲が良ければ、単純に「拜拜！（bai bai）」を連発するのもOKです。

おまけの一言！➔一路顺风！

海外の人と別れる際は、相手の帰国は長旅となるので、旅の安全を祈るために、中国人はよく最後に「一路顺风！（yi lu shun feng）」（昔の旅は船旅が多いから「順風満帆」であることで旅の無事を祈っています）か「一路平安！（yi lu ping an）」と言います。

中国のお別れは日本のようにお辞儀をして別れることはありません。情が入ってしまうので、見送りに時間をだいぶかけてしまいます。ギリギリ最後まで話し続けるのはよくあることです。

コミュニケーションのコツ：お会計

日本人にとって一番慣れないのは、食事会の最後におとずれるお会計の先取り戦争です。日本でも声を張って「ここは私が」と奢ろうとする場面はよくありますが、中国の場合は大声を出すだけではなく、全身を使います。相手を止めるなり、相手が防ごうとする中で自分の財布を開くなり、まさに「戦争」。

その間に使う言葉は、Step20でも触れた「奢る」という意味の「**请**」です。たとえば、「**今天我请!** 」。もっと簡単に言えば「**我来我来!** (私が払います!)」。同時に、店の人に向かって、(カードの場合)「**刷我的(卡)** (shua wo de ka)!」「**刷这张** (shua zhe zhang)!」、(電子決済の場合)「**扫我的!** 」など(Step15を参照)も言わなければいけません。さらに、支払おうとする相手に向かって、「**不用不用**」「**不要不要**」「**你别你别**」などの阻止する言葉を繰り返す必要があります。このように、支払いの時は大変忙しいです。男同士でさらに体も使えば、まるで喧嘩に見えます。それを避けたい人は、お手洗い(「**我去一下 厕所** (ce suo) / **洗手间** (xi shou jian) / **卫生间** (wei sheng jian)」)と言って先に会計をしてしまうこともあります。しかし、その間相手も隙を見て先にお会計を払おうとしています。だから、席に戻ったとたんに、「**你买单** (mai dan) **了!** 」(お勘定したの!)と怒られるかもしれませんが、そこは「**下次你请我!** 」とうまく返せば大丈夫です。

また、先に会計して帰るとき、みんなに「**单,我买了!你们慢慢** (man man) **吃!我先回去了!** 」(もうお勘定はしました! ゆっくりしていって! 私は先に帰るから!)と断ってもカッコいいでしょう。ちなみに、ビジネスの食事会は支払いが明白ですが、ただの食事会は経済力が高い人が払うか、同じレベルなら、順番に奢っていきます。こうした背景があるため、水臭い割り勘の「**AA制**」は禁物です。情を切るのと同じ行為になってしまいます。

記憶に定着させましょう！

❶ 例文を3回書き写す

❷ 動画を3回見る

❸ 例文を10回以上口に出して言う

❹ 中国人と実際に会話する　Ⅰ □　Ⅱ □　Ⅲ □

4章のまとめ
食事の場を制覇する！

中国人とビジネスパートナーになりたければ、食事の回数を重ね、食卓で会話を盛り上げる必要があります。一言で言えば、中国人とのディープな関係は食卓次第です！

その食卓で、いろんなことを話さなければいけません。4章で紹介した中国人に人気の話題だけではなく、1章で覚えた「自分のこと」や「中国への思い」、2章の「距離を近づける内容」なども全て食卓の会話で出るでしょう。臨機応変に対応してください。この28のStepの内容を十分に使いこなせれば、中国人との会話をかなり弾ませることができます。しかし、もっと関係を深めていきたい場合、自分の学歴・経歴、今の仕事、今後のビジョン、夢などを語り、相手のことをより理解するために、質問の仕方を練習する必要も出てくるでしょう。余裕があれば、本書の文法知識と翻訳サイトを利用し、そうした内容も用意しておきましょう。

また、1、2回の練習でペラペラに話せるようになるのは、よほど記憶力がいい人以外、無理です。1度の食事会で本書に出てきた全ての質問について話すのではなく、毎回3問〜5問の実現できそうな数に質問を絞ってください。3章の内容も生かして、いいサイクルを作って食事の頻度を増やしていきましょう。3問だけでもルーティンの会話と困ったときの中国語が使えれば、大分話せる人だと信頼されます。毎回の質問を少し変えていけば、もっと信頼度が増します。

□食事の内容を決める。

□飲み物を決める。

□お酒を勧めたり断ったりできる。

□健康のことについて語れる。

□国柄の事情について聞ける。

□自分の意見を言える、相手の意見も聞ける。

□終わりにして、次につなげる。

実践！
中国語会話

日本国内でチャレンジ！

さて、28 の Step で学んできた中国語を実践してみましょう。もちろん、すぐ航空券を予約して中国へ向かっても構いませんが、それよりもまず自分の周りにいる中国人を探してみてください。回数を重ねていくうちに「現場パニック」もなくなり、「プチ達成感」も積もり、自信につながります。だから、最初は怖いと思いますが、肝試しの感覚で、チャレンジしてみましょう。

【長期滞在の中国人】

①中国人が経営している中華料理店→店長・店員：日本の滞在年数が長い人が多い。日本語も中国語も、訛りが強い。

②大学・アルバイト→留学生：日本の滞在年数・日本語能力・経済力の差が激しいが、安定した標準中国語を話せる。

【短期滞在の中国人】

③観光地→観光客：2017 年の訪日外国人のうち、中国語を公用語としている地域は中国本土 735.6 万人 台湾 456.4 万人 香港 223.2 万人。その他、シンガポール、マレーシア、インドネシアも合わせると中国語を話せる観光客は年間で約 1800 万人。

④ホテルのラウンジ→視察役員や自営業・出張ビジネスパーソン：ビジネスで来日する人、階層ピラミッドの中上層が多い。日本語を話せない人も多い。

【既存の知り合い】

⑤一部の会社→同僚：日本で就職した人は日本語が堪能。駐在員なら基本日本語はゼロから。

他に、「中国人妻」「難民」などいろんな理由で離日している人もいますが、ここでは触れません。

長期滞在の中国人との会話

実際に中国人と話す会話をシミュレーションしましょう。
以下の日本語を見て、中国語を言ってください。

【相手に聞く】

□中国人ですか？　XX（地名）のどこですか？
中国人吗？中国哪裡？
（□留学生ですか？　どの学校ですか？）
留学生吗？哪个学校？
□日本にきてどれぐらいですか？
来日本，多久了？
□日本好きですか？
喜欢日本吗？
□日本の何が好きですか？
喜欢日本什麼？

【自分のことを言う】

□中国語を勉強中です。⇒ Step1 ～ 7 を参照

観光客など短期滞在の中国人との会話

【相手に聞く】

□中国人ですか？
　中国人吗？
□どこに行かれるのですか？ / お手伝いしましょう？
　去哪裡? 要帮忙吗?
　(迷子の人に対し)　　(他に困っていそうな人に対し)
　地図、写真などはありますか？
　有地图吗? 有照片吗?
□観光ですか？　出張ですか？
　来旅游? / 出差吗?
□日本は初めてですか？
　第一次，来日本吗?
□日本のことをどう思いますか？
　觉得日本，怎麽样?

【自分のことを言う】

□中国語を勉強中です。⇒ Step1 ～ 7 を参照

既存の中国人の知り合いとの会話

□最近どうですか？

最近，怎麼样？

□一緒にご飯でも行きましょう

一起去吃饭吧？

□今中国語を勉強中です。

⇒ Step1 ～ 7 を参照

□中国語が難しいです。教えてください。

汉语太难了，你教我吧！

□アポイントを決定する

いつご都合がいいですか？

什麼时候方便？

どこがいいですか？

想去哪裡？

何料理が食べたいですか？

想吃什麼？

この店でいいですか？

这家店，怎麼样？

□楽しみです。忘れないでね。では～に会いましょうね。

⇒ Step21 などを参照

中華圏でチャレンジ！

日本で「プチ達成感」を得たら、いざ海外へ！　会社の出張だけではなく、LCC で土日にちょっとした海外旅行でもいいでしょう。5 万円前後の旅費で、「学んだ中国語を全部言ってみよう」というミニ留学のような計画を立てるのがオススメです。

また、海外ではいろいろ不慣れなことも多く、日本国内よりもだいぶ不安になり、ストレスが溜まるかもしれません。しかし幸い、海外での会話は機能性重視で、内容もほぼ決まってます。1 文を短くシンプルにして、割り振る言葉は 3 文字前後にしてください。目的を果たせば、フリートークにチャレンジするのもいいでしょう。たいてい、中華系の人はおしゃべりなので、いろいろ聞かれると思います。自分の旅行（もしくは仕事）用の自己紹介を用意し、現地で人に会う度に話して、鍛えれば、誰から見てもペラペラの中国語話者になれます。

Step29・30 は、Step 1 ～ 28 までのエッセンスを実践化しました。これらは例文ではありません。言うべき内容を日本語でリストアップし、それぞれ自分が一番しっくり話せる中国語に変換し、それを実際に話すまでがあなたの課題です。実は、私が主宰している「12 時間で話す速攻中国語講座」にはテキストがありません。みなさんが話したい言葉が最高のテキストだからです。この Step29・30 で選んだ日本語も私の案にすぎないので、内容を自分のニーズに合わせてアレンジしてみてください。

タクシーに乗る

□こんにちは。(印刷したホテルの住所を見せ)、ここまで行ってください。

您好，请到这裡。

□どれぐらい（時間とお金が）かかりますか？

大概要多久？

□自己紹介：日本人です。中国語を勉強中です。訪問目的は○○です。中国が大好きです。

⇒ Step1 ～ 7 を参照

ホテル

□（パスポートを渡し）こんにちは。部屋を予約しました。

您好，我订了房间。

□エレベーターはどちらですか？

电梯在哪？

□チェックアウトは何時ですか？

几点退房？

買い物

□これいくらですか？

这个，多少钱？

□高すぎです。ちょっと安くして。

太贵了，便宜一点。

□じゃ～、仕方ないですね。（引き留めてくれれば、値切り成功）

那，不要了！

レストランでの食事

□店員さん、メニューをください！

服务员，菜单！

□オススメは何ですか？　じゃ～これをください。

（もしくは「これ、これとこれをください」）

你们推荐什麽？我要这个。（我要这个，这个，和这个。）

□お会計お願いします。本当に美味しいですね。

（日本人ですかと聞かれたら、タクシーの運転手さんのときと同じように自己紹介で盛り上げる）

买单。非常好吃。

Wi-Fi などの事情

□ Wi-Fi はありますか？

有 Wi–Fi 吗？

□パスワードは？

密码是什麼 ?/ 是多少？

□（支払いするとき）カードで大丈夫ですか？

可以刷卡吗？

トラブル

□すみません。日本大使館はどこですか？

请问，日本大使馆在哪裡？

□すみません。ここへの行き方は分かりますか？

请问，去这裡怎麼走？

□すみません。財布が盗まれました。

不好意思。我钱包被偷了。

おわりに

30 の Step で学ぶ中国ビジネス会話、いかがでしたか。

会話は、語学よりもコミュニケーション力です。学校で学ぶ文法や単語だけではありません。その国の常識を知ることも必要です。そこには、物事を考えるときのロジックや、生活習慣や文化背景なども含まれます。相手の常識を知らないままでは、お互いに違う物差しのまま話をすることになってしまうので、まるでエイリアンと会話をしているかのよう。黒船が来たときに、どちらかが相手のことを知ろうとしない限り、会話はいつも平行線をたどり、交わることができません。ちなみに、ペリーは、日本の「常識」を優先し、語学は通訳に任せました。

本書も、言葉より中国人の「常識」にかなりページを割きました。もちろん、この本で書いた内容は必ずしもすべての中国人に対応しているわけではありません。本書により「中国人はみんなこうだ！」と決めつけてしまうことも望んでいません。EU 並みの広さと 13 億を超える人口をもつ国なので、どんなタイプの人もいます。日本人より律儀な人もいれば、いい加減な人もいます。一人ひとり違う存在であり、「これだ」と一括りにすることはできません。だから、実際のコミュニケーションでは目の前の一人ひとりに合わせる必要があります。

ただ、私が一人の中国人として、長く日本人と中国人を観察した結果、日本よりこうした傾向がある、または強いのではないかと考えたことをこの本には書きました。

また、多くの受講生から聞いた実体験を踏まえているので、本書で触れたようなシチュエーションにあなたも遭遇する確率は非常に高いです。

しかし、仮にこの本をマスターしたからといって、何もかも「理解している」という傲慢な考えをもってはいけません。外国語に長けている方は、みんな好奇心旺盛で、貪欲（いい意味で）です。

分かったつもりで断定的な会話をする人より、相手からいろんな情報を収集するため、積極的に話を聞く人の方が中国語は上達します。なぜなら、後者の方が発音などで恥ずかしがらないからです。発音より、相手が何を考えているかをもっと知りたいと思う気持ちが強いのでしょう。

発音が下手でも、相手に伝えるための方法としては、まずは相手と共通・共感できるもの（ボディーランゲージ・道具）を使うこと。そして、それを踏まえた上で、その人の背景にある異文化・異言語の学習をすることです。

シンプルにまとめると、大切なのは相手に質問し、自分の意見を言うだけ。ぜひ、中国人とのビジネスシーンや会食の場面で、今まで学んできた30のStepにある質問を使い、中国人との距離を縮めてください！

3分でつかむ！
超実践中国ビジネス会話のコツ

発行日	2018年9月30日　第1刷
Author	陳氷雅
Book Designer	市川さつき　徳永裕美（ISSHIKI）
Special Thanks	英瑞
Publication	株式会社ディスカヴァー・トゥエンティワン 〒102-0093　東京都千代田区平河町2-16-1 平河町森タワー11F TEL　03-3237-8321（代表） FAX　03-3237-8323 http://www.d21.co.jp
Publisher	干場弓子
Editor	藤田浩芳　林拓馬
Marketing Group Staff	小田孝文　井筒浩　千葉潤子　飯田智樹　佐藤昌幸　谷口奈緒美　古矢薫　蛯原昇　安永智洋　鍋田匠伴　榊原僚　佐竹祐哉　廣内悠理　梅本翔太　田中姫菜　橋本莉奈　川島理　庄司知世　谷中卓　小木曽礼丈　越野志絵良　佐々木玲奈　高橋雛乃
Productive Group Staf	千葉正幸　原典宏　林秀樹　三谷祐一　大山聡子　大竹朝子　堀部直人　塔下太朗　松石悠　木下智尋　渡辺基志
E-Business Group Staf	清水達也　松原史与志　中澤泰宏　西川なつか　伊東佑真　牧野類　倉田華　伊藤光太郎　高良彰子　佐藤淳基
Global & Public Relations Group Staf	郭迪　田中亜紀　杉田彰子　奥田千晶　李瑋玲　連苑如
Operations & Accounting Group Staf	山中麻吏　小関勝則　小田木もも　池田望　福永友紀
Assistant Staff	俵敬子　町田加奈子　丸山香織　井澤徳子　藤井多穂子　藤井かおり　葛目美枝子　伊藤香　鈴木洋子　石橋佐知子　伊藤由美　畑野衣見　井上竜之介　斎藤悠人　平井聡一郎　宮崎陽子
Proofreader	株式会社鷗来堂
DTP	ISSHIKI（デジカル）
Printing	中央精版印刷株式会社

ISBN978-4-7993-2361-8